KURZE LEBENSLÄUFE DER NARREN

überliefert von

RUDI PALLA

Paul Zsolnay Verlag

Für Eleonore

mit einer respektvollen Verbeugung vor Ermanno Cavazzoni und Giuseppe Pontiggia

1 2 3 4 5 12 11 10 09 08

ISBN 978-3-552-05442-4

Einbandgestaltung: Hauptmann & Kompanie Werbeagentur, München–Zürich, Andrea Glanegger, unter Verwendung des Ausschnitts eines Fotos aus der © Sammmlung memoryPROJECTS
Satz: Eva Kaltenbrunner-Dorfinger, Wien
Druck und Bindung: CPI – Ebner & Spiegel, Ulm
Printed in Germany

Es ist eine Lebensregel, daß wir von allen Leuten lernen können und sollten. Es gibt ernsthafte Dinge des Lebens, die wir von Scharlatanen und Gaunern lernen können, es gibt philosophische Einsichten, die uns Narren verschaffen, es gibt Lektionen in Standhaftigkeit und Gerechtigkeit, die uns der Zufall lehrt und die Früchte des Zufalls sind. Alles findet sich in allem.

Fernando Pessoa, »Das Buch der Unruhe«, Zürich 2006

Als die Zeit fortschritt und der Schatten der von Narren gemachten Geschichte selbst die Genauigkeit der Sonnenuhren beeinträchtigte, zogen wir ruhelos durch Europa.

Vladimir Nabokov, »Erinnerung, sprich«,
Reinbek bei Hamburg 1999

Inhalt

Vorrede

Was hier folgt, sind vierundzwanzig Lebensläufe von Menschen, die ich mir zwar als Narren zu bezeichnen erlaube, die aber durchaus nicht der landläufigen Vorstellung von Narren entsprechen; also keine, wie im Duden steht, »törichten Menschen, die sich in lächerlicher Weise täuschen oder irreführen lassen«. So wie es Autonarren, Fußballnarren oder Pferdenarren gibt, sind meine »Narren« Menschen, die der Wirklichkeit auf ihre ganz eigene verschrobene, überspannte, größenwahnsinnige, abgefeimte, clowneske oder geheimnisvolle Art begegneten: als Welterklärer, Künstler, Erfinder, Geistesgrößen, Schlaumeier, Abenteurer, Heilige oder was immer. »Lieber ein Narr sein auf eigene Faust«, schreibt Friedrich Nietzsche im »Zarathustra«, »als ein Weiser nach fremdem Gutdünken!«

Die ausgewählten Personen, der Chronologie nach angeordnet, entstammen einem Fundus, der sich aus meiner Vorliebe für kuriose und abseitige Geschichten und Lebensläufe nach und nach angesammelt hat. Bei der Auslese ließ ich mich von dem trügerischen Gefühl leiten, was mir als beispielhaft ungewöhnlich und ausgefallen (demnach erzählenswert) erscheint, könnte auch den Leser interessieren, wenn nicht gar überraschen. *R. P.*

JOSEPH FRÖHLICH

Hofnarr

In der Porzellanmanufaktur am Dresdner Elbufer unter der Jungfernbastei wurde 1730 ein lebensgroßer Männerkopf aus Kaolin modelliert und gebrannt. Er zeigte ein derbes Mondgesicht, wulstige Lippen und einen mißmutigen Blick unter einem grotesken Spitzhut. Es war das Porträt von Joseph Fröhlich, einem Hofnarren, der es weit gebracht hatte. Sein Ruf als »Urviech« mit losem Mundwerk und seine Popularität als Spaßmacher hatten auch andere kunstvolle Darstellungen aus Porzellan, Fayence oder Hafnerton hervorgebracht: Statuetten, Wackelkopffiguren, Pfeifenköpfe, Stockgriffe; Fröhlich als Dukatenscheißer auf Schreibkästen und als Elfenbeinfigur mit Eulenkopf oder Hirschgeweih; Wermutbecher, Tischleuchter, Jagdvasen, Medaillons, Schaumünzen mit Fröhlichs Porträt; Büsten aus Sandstein und Wachs; ein Kupferstich, der ihn in Gesellschaft eines Wildschweins zeigt, mit dem Fröhlich wegen seines ungenierten Benehmens öfters verglichen wurde. Sogar auf der berühmten Stadtansicht Dresdens von Canaletto ist der bizarre Hanswurst gemeinsam mit dem Leibarzt Filippo de Violante, dem Kastratensänger Niccolò Pozzi und einem sogenannten Kammertürken verewigt.

Auch in Bruce Chatwins Roman »Utz« taucht Fröhlich auf: Der kauzige Eigenbrötler Kaspar Baron Utz, dem das Schloß seiner Vorfahren im Sozialismus abhanden gekommen ist, rettet eine riesige Sammlung wertvollen Meißner Porzellans und bewahrt sie in seiner schäbigen Prager Zweizimmerwohnung auf. Seinem Besucher zeigt er Figurinen aus dem 18. Jahrhundert: Gestalten der Commedia dell'arte, Schäfer, die auf ihren Flöten trillern, ein Türke, der eine Wasserpfeife raucht, Tataren, Malabaren, Tscherkessen und chinesische Gelehrte mit schütteren Bärten, auf deren Fingern Singvögel hocken, und vieles mehr.

»›Und nun sehen Sie sich diese komischen Kerle an!‹ sagte Utz und strich einem grotesken Hanswurst über die Wange. ›Das ist der Hofnarr Fröhlich.‹«

Joseph Fröhlich kam wahrscheinlich am 16. Februar 1694 in Altaussee im steirischen Salzkammergut zur Welt, als unehelicher Sohn der Ursula Gatterer und des umherziehenden Krämers Wolfgang Fröhlich aus Steyr in Oberösterreich. Im gleichen Jahr begann in Wien Johann Bernhard Fischer von Erlach mit dem Bau von Schloß Schönbrunn. Fröhlich erlernte das Müllerhandwerk, ging auf Wanderschaft und heiratete 1719 im heimatlichen Aussee Ursula Lainbacher, die zwei Jahre später ihren ersten Sohn, Jakob, zur Welt brachte. Dann verschwand die Familie aus dem Ausseerland, und Joseph, pfiffig und begabt, begann sein Jahrmarkts- und Gauklerleben, das ihn in seinem selbsterwählten zweiten Beruf, dem des »Narren«, über verschiedene Stationen an die Spitze seines Standes bringen sollte: als Hoftaschenspieler und »Kurzweiliger Rat« am Dresdner Hof Augusts des Starken, Kurfürst von Sachsen und König von Polen (der angeblich in der Lage war, Hufeisen zu verbiegen). Fröhlich, immer merkwürdig und kostbar kostümiert, erregte sowohl bei Hof als auch auf Jahrmärkten als Taschenspieler mit »Karten, Eyern, Muscaten, Bechern, Gelde und anderen Dingen« großes Aufsehen; zudem war er als »Zahnbrecher« und Feldscher tätig. Sein programmatischer Wahlspruch lautete: »Semper (immer) Fröhlich, numquam (niemals) traurig«; seine selbst verliehenen Titel sind in einem Kupferstich verewigt: »Unwürdiger Burgermeister von Narrendorff an der Elbe, berühmter Taschen Spieler, Bestraffer

aller Hundeverbrechen, Oberster aller Bernheiter [Bärenhäuter], Ausschuß aller Flegel, Haupt Schwein in Fressen und Sauffen, Stinckender Lufft-Balsamier, Zolleinnehmer der Maulschellen und Nasen Stüber, Geordneter Richter aller Narren, Erb- und Gerichts Herr aller Hundsfütterey, wie auch Ritter vom Goldenen Sporn.«

Joseph Fröhlich unterhielt aus seinem »vorrätigen Spaß« die Dresdner Hofgesellschaft, was Geschicklichkeit und großen Wortwitz erforderte. Allerdings konnte der Umgang mit dem »Narren« öfter in Brutalität ausarten. So wurde berichtet, er sei einmal mit einem Seil am Dresdner Schloßturm hochgezogen und von den Zuschauern mit rohen Eiern beworfen, ein anderes Mal in der Dresdner Stallbahn unter dem Gelächter des Hofes mit einer Rinderhaut »geprellt«, also immer wieder hochgeworfen worden. Belohnt wurde der gelernte Müller 1744 von seinem kurfürstlichen Herrn – der ihn allerdings zuweilen mit kräftigen Ohrfeigen traktierte – durch die Bestellung zum »Königlich Polnischen Mühlen-Commissarius«, wodurch er ein beträchtliches Vermögen anhäufen konnte. Trotzdem kroch er nicht zu Kreuze und war mutig genug, seine kritische Einstellung kurz vor seinem Tod in einer Schrift mit dem bezeichnenden Titel »Politischer Kehraus«, eine Satire auf den sächsischen Ministerpräsidenten Graf Heinrich Brühl, niederzulegen. Der etwas wirre Wortschwall beginnt: »Schon vielmal hab ich mirs vorgenommen gehabt, und habe beym heiligen Antoni dazu geschworen, ich will mein Maul halten, aber es will halt nicht zu bleiben. Ich habe mit der Faust mich druf geschlagen, doch nit daß mirs weh that, und hab gesagt: Du verwünscht Fozen, willst schweigen, willst noch nit schweigen? [...] Mein Maul will die Wahrheit reden, und man wills nit leiden.«

Nach dem Ausbruch des Siebenjährigen Krieges floh der sächsische Hofstaat samt seinem »Graf Saumagen« – ein Titel, den August der Starke Fröhlich verliehen hatte – vor den Preußen ins polnische Warschau. Dort starb der letzte besoldete Spaßmacher an einem Hof am 24. Juni 1757 im Alter von dreiundsechzig Jahren; als Todesursache wurde »für Lachen« vermerkt.

Nachsatz: Es war ein grotesker Zug, der am Faschingssonntag 1944 durch das bitterkalte Bad Aussee zog. Mehr als siebzig Zauberkünstler aus dem deutschlandfreundlichen Europa, darunter der »Hoftaschenspieler des Führers«, Helmut Schreiber, hatten sich im

Ort versammelt, um vor zahlreichen Kriegsversehrten im Kurhaus eine Festvorstellung ihrer Kunst zu geben. Anschließend wurde unter dem Ehrenschutz des berüchtigten Gauleiters von Oberdonau (unter der NS-Herrschaft gehörte das heute steirische Ausseerland zu Oberösterreich), August Eigruber, an der Steinmühle am Meranplatz eine in Meißen aus Steinzeug hergestellte Büste des finger- und schlagfertigen Joseph Fröhlich enthüllt. »Spiritus rector« dieser Ehrung des in Aussee damals längst vergessenen Fröhlich war der Leipziger Brauereidirektor Carl Wilhelm Naumann (gestorben 1958), der sich seit den 1930er Jahren auf die Spur dieser in Dresden stadtbekannten Person gemacht hatte. Naumann hatte den in Grundlsee lebenden Schuldirektor und Heimatforscher Franz Hollwöger kontaktiert, der seit langem mit der Aufarbeitung der Ausseer Tauf- und Heiratsmatrikeln beschäftigt war. Über diese Verbindung konnte Naumann erstmals die Herkunft von Joseph Fröhlich aus Altaussee – bislang hatte er häufig als Tiroler oder Bayer gegolten – nachweisen. Unter dem Pseudonym »Carl Willnau« veröffentlichte er 1943 in der sächsischen Zeitschrift *Freiheitskampf* einen aus mehreren Teilen bestehenden Fortsetzungsroman über den »lustigen Rat«, der später auch in Buchform erschien.

PIERRE GIRAUD

Architekt des Todes

Was tun mit den sterblichen Überresten? Die Frage ist wahrscheinlich so alt wie die Menschheit. Daraus haben sich die unterschiedlichsten Bestattungsriten und Vorschriften entwickelt, die eng mit dem religiösen Verständnis des Todes, dem Glauben an ein Jenseits und den klimatischen und geographischen Gegebenheiten zusammenhängen.

Ende des 18. Jahrhunderts kursierten im revolutionären Frankreich Entwürfe, die man heute getrost als närrisch bezeichnen kann. Zu den spektakulärsten Beispielen gehört zweifellos das Projekt des französischen Architekten Pierre Giraud. Er entwickelte eine utopisch anmutende Begräbnisstätte, die er im Jahre VII nach dem Revolutionskalender (1798) dem Seine-Département vorlegte. Im gleichen Jahr stellte Giraud »bâteaux mouvants et suspendus« für die Überbrückung der Seine vor, ein Projekt, das ebenfalls einer gewissen Komik nicht entbehrte. Ohne näher auf technische Details einzugehen, sah Girauds Entwurf zwei an einem endlosen Seil fahrende, bootsförmige und mit Segeln ausgerüstete Gondeln vor, die vom Wind angetrieben werden sollten. Den Antrieb würde die jeweils in Windrichtung fahrende Gondel besorgen, während die gegen den Wind fahrende ihre Segel reffte.

In seiner 1801 publizierten Monographie »Les tombeaux ou Essai sur les sépultures« kam er auf das Friedhofsprojekt zurück und erklärte, daß »der Verfasser die Bräuche der alten Völker in Erinnerung ruft, in aller Kürze die von den Modernen beachteten streift und Verfahren aufführt, die zur Auflösung des Fleisches, zur Kalzinierung der menschlichen Gebeine und zu ihrer Umwandlung in eine unzerstörbare Substanz geeignet sind, aus der sich dann Medaillons jedes Individuums formen lassen«. Giraud wollte damit das Gedenken an die Toten der Religion entreißen und der Wissenschaft anvertrauen.

Der Gedanke war nicht neu. Schon Johann Nikolaus Becker, Autor einer 1669 in Frankfurt erschienenen »Physica Subterranea« (Unterirdischen Physik), aus der Giraud zitierte, soll experimentell nachgewiesen haben, daß die Erde, in der menschliche Leichen verwest sind, sich am besten zur Umwandlung in Glas eigne und »ein sehr schönes Glas ergebe; er habe das Verfahren aber nicht preisgegeben, weil er fürchtete, ein Sakrileg zu begehen«. Aber man könne dadurch »die heiligen Manen [die guten Geister der Toten] für immer vor den Verheerungen der Zeit und den Launen der Menschen in Schutz nehmen«.

Die von Giraud bereits 1795 für Paris geplante »fabrikartige Bestattungsanlage« bestand aus einer Pyramide, gewissermaßen das gemeinsame monumentale Erinnerungszeichen, im Zentrum eines von Arkaden umschlossenen Landschaftsparks. Die Säulen der Arkaden sollten aus Glas sein, einem Glas, so Giraud, »das aus menschlichen Gebeinen gewonnen worden war, die aus den alten, aufgelassenen Friedhöfen geborgen wurden. Wenn sich irgendwelche Schwierigkeiten ergeben sollten, diese kostbaren Überbleibsel der Menschheit einer so noblen Bestimmung zuzuführen, müßte man sie durch Knochen von Haustieren ersetzen.«

Für das Krematorium im Untergeschoß der Pyramide waren vier Kessel mit Ätzlauge geplant, in welche die Leichname eingetaucht werden sollten, um Fleisch und Fett vom Skelett zu trennen. Die Gebeine selbst würden dann verbrannt und die Asche mit Hilfe eines chemischen Verfahrens (Giraud nannte es »Vitrifizierung«) in

Glas umgewandelt werden. Das Glas, das man erhalten würde, wäre eine neue, unvergängliche Form des menschlichen Leibes. »Die erste Möglichkeit«, erklärte Giraud, »die einer religiösen Einbildungskraft wohl am meisten schmeichelte, bestünde darin, dieses Glas zu einer kleinen Büste zu gießen, und zwar in einer Hohlform, die der betreffenden Person zu Lebzeiten abgenommen worden und somit ihr Porträt wäre. Es bedarf nur eines fühlenden Herzens, um zu empfinden, welchen Trost für eine zärtliche Seele eine solche Büste aus angenehmem Material bedeutete, die den unschätzbaren Vorteil böte, sowohl Porträt als auch identische Substanz eines Vaters, einer Mutter, einer Gattin, eines Kindes, eines Freundes oder jedes Wesens zu sein, das uns teuer war.«

»Der Zweck dieses ganzen extravaganten Verfahrens ist der«, schreibt Philippe Ariès in seiner »Geschichte des Todes«, »die sterblichen Überreste der geliebten Wesen vor dem ›Schrecken des Grabes‹ und der Verwesung zu retten und in ein- und demselben Objekt das Bild ihrer Gesichtszüge und die Materie ihrer Leiber zusammenfallen zu lassen. Diese Idee wäre weder dem Prinzen von Sangro in seinem neapolitanischen Kabinett des 18. Jahrhunderts [gemeint sind die geheimnisvollen anatomischen Maschinen, mit denen der Prinz experimentierte] noch etwa Frankenstein absurd erschienen.«

Biographische Daten über Pierre Giraud sind leider kaum zu finden; weder Michauds »Biographie universelle ancienne et moderne« von 1854 noch der »Grand Larousse« oder andere einschlägige Lexika geben Auskunft über ihn. Ein bescheidener Eintrag im »Allgemeinen Lexikon der bildenden Künstler«, herausgegeben von Thieme-Becker 1921 in Leipzig, erwähnt: »Giraud, Pierre Marin, Architekt, geb. 1744, † 1814, Schüler der Pariser Ecole des Beaux-Arts, wurde 1767 mit der Erweiterung des Intendanturgebäudes in Limoges [Hauptstadt des Départements Haut-Vienne], Arbeiten am Collège, am Hospital und am Arbeitshaus betraut. Bis 1775 baute er mehrere Kirchen und Pfarrhäuser in der Diözese Limoges. Nach Paris zurückgekehrt, war er 1790–93 Architekt am Louvre, seit 1791 auch Architekt am Justizpalast, seit 1793 Chefarchitekt des Seine-Départements, als welcher er u. a. das Verdienst der Erhaltung der Tour St. Jacques-la-Boucherie hat. Veröffentlichte eine Geschichte des Grabmals, eine Studie über den Brückenbau und Projekte für eine Morgue [Leichenschauhaus], eine Markthalle, ein Börsengebäude usw.«

JOSEPH KYSELAK

Sonderling

Einer biographischen Notiz in »Wurzbachs Lexikon« aus dem Jahre 1865, vermutlich der einzigen, die über Joseph Kyselak existiert, ist zu entnehmen, daß er um das Jahr 1795 (später findet sich auch das Datum 22. Dezember 1799) in Wien auf dem Spittelberg geboren wurde und zwischen dem 16. und 26. Oktober 1831 (eine andere Quelle behauptet, am 17. September), ebenfalls in Wien, der Cholera zum Opfer fiel. Sein Vater war »Liquidator bei der k. k. Patrimonial-, Familien- und Avitical-Fondscasse« in Wien, wer seine Mutter war, ist unbekannt. Kyselak besuchte das Gymnasium der Piaristen in Wien-Josefstadt und begann danach das Studium der Philosophie, gab es aber – »aus Unlust zum Studieren« – bald wieder auf. Sein Vater brachte ihn als Praktikant in einer Wiener Kanzlei unter, später wechselte er als Beamter in die k. k. Hofkammerregistratur, wo er bis zu seinem Tod tätig war.

Kyselak wird als mittelgroßer Mann von robuster und gedrungener Gestalt beschrieben, der als rüstiger Wandersmann, waghalsiger Kraxler und schwärmerischer Freund der Natur galt. Eine seiner Wanderungen, die er im Jahre 1825, allein und nur von seiner Wolfshündin »Duna« begleitet, unternahm, beschrieb er ausführlich in dem zweibändigen Werk »Skizzen einer Fußreise durch Oesterreich, Steiermark, Kärnthen, Salzburg, Berchtesgaden, Tirol und Baiern nach Wien, nebst einer romantisch pittoresken Darstellung mehrerer Ritterburgen und ihrer Volkssagen, Gebirgsgegenden und Eisglätscher« (Wien 1829, gedruckt bei Anton Pichler). Auf dieser Reise bestieg er angeblich auch den Hohen Dachstein, was eine Erstbesteigung gewesen wäre, hätte es einen glaubhaften Beweis dafür gegeben. »Kyselaks Beine haben sich bewährt, sobald er aber die Feder ergreift, ist er lahm. Seltsam, daß er nicht einmal alle Namen richtig schreibt, sogar den berühmten Dachstein nennt er Dachsstein«, bemerkte Ludwig Hevesi in seinen Humoresken.

Aber weder Kyselaks alpinistische Leistungen noch seine ausgedehnten Wanderfahrten oder seine schriftstellerische Tätigkeit haben dazu beigetragen, daß aus dem schlichten Kanzlisten eine der populärsten Figuren seiner Zeit wurde, »an der sich ebenso die Poesie der Sage, wie der Witz und Humor des Volkes erprobt haben«, wie es in Wurzbachs Lexikon hieß. Berühmtheit erlangte er allein durch seine Manie, überall und weithin sichtbar, oft an schwer zugänglichen Stellen wie Kirchtürmen, Felswänden oder Grotten, mit schwarzer Farbe seinen Namen und die jeweilige Jahreszahl hinzupinseln. Es hieß, er habe sich dabei sogar einer eigens angefertigten Schablone bedient, um seinen Namenszug stets in derselben Größe und charakteristischen Form hinterlassen zu können. Joseph Viktor von Scheffel, ein im 19. Jahrhundert vielgelesener Autor und Dichter, reimte über Kyselak in seinen »Liedern aus dem Engeren und Weiteren«:

»Schwer empört schau' ich das wilde
Denkmal wilder Menschenart.
Sieh – da winkt versöhnlich milde
Auch ein Gruß der Gegenwart:
Schwindlig ob des Abgrunds Schauer
Ragt des höchsten Giebels Zack,
Und am höchsten Saum der Mauer
Prangt der Name – Kyselak!«

Eine Legende behauptete, die schrullige Angewohnheit Kyselaks sei durch eine unglückliche Liebe ausgelöst worden. Die untreue Geliebte sollte, wo immer sie hinkam, durch die Inschrift oder durch die Erwähnung seines Namens an ihn erinnert werden. »Wahrscheinlich aber ist«, heißt es in der erwähnten biographischen Notiz, »und wird auch durch seinen noch lebenden Vetter, den Herrn Criminalrath Franz Kyselak, bestätigt, Kyselak habe einmal in einem geselligen Kreis, in welchem von Ruhm, ewigem Nachruhm und Unsterblichkeit die Rede war, die ihm angebotene Wette angenommen, seinen Namen durch das Gebiet der Österreichischen Monarchie bekannt zu machen, ohne jedoch dies zu tun, indem er ein ungeheures Verbrechen begehe, oder eine neue Art des Selbstmordes anwende. Kyselak verlangte drei Jahre Zeit und versprach, nach Verlauf derselben wolle er auch im einsamsten abgelegensten Tale, auf unzugänglichen Bergen zu finden sein, so daß selbst Fischer, Jäger, Hirten u. dgl. auf seine Spur hinweisen würden.«

Kyselak gewann die Wette. Überall im Land ging sein Name von Mund zu Mund, man unterhielt sich über ihn, lachte, staunte und mutmaßte, wer dieser Spaßvogel sei. Gerüchte kamen auf und machten schnell die Runde. Zum Beispiel erzählte man sich, Alexander von Humboldt habe sogar auf dem Urgestein des Chimborasso in den südamerikanischen Kordilleren die Inschrift »Kyselak 1837« gefunden (was nicht stimmen konnte, weil Kyselak bereits 1831 starb). Seine Schmierereien wurden immer dreister, und als er auch vor den kaiserlichen Gebäuden nicht haltmachte, beorderte ihn Kaiser Franz I. zu sich in die Burg, um ihn wegen dieses Unfugs zu tadeln. Als Kyselak das Arbeitszimmer verlassen hatte, soll der Kaiser auf seinem Schreibtisch ein Schriftstück entdeckt haben, auf das, wie könnte es anders sein, der Name »Kyselak« und die Jahreszahl gekritzelt waren.

Sein Meisterstück gelang dem Sonderling bei einem Feuerwerk

des beliebten Pyrotechnikers Anton Stuwer im Wiener Prater. Eine tausendköpfige Menge Schaulustiger war gekommen, um Feuerfontänen, grüne, rote und gelbe Leuchtsterne, ein Figurenfeuerwerk, das »Doktor Fausts Freudenmahl unter den bösen Geistern« darstellte, und als blitzende und krachende Hauptattraktion die Belagerung einer Seefestung zu bestaunen. Als das übliche Schlußbild, eine Danksagung an alle Gönner, abbrannte, flammte plötzlich inmitten von Feuerrädern und brennenden Girlanden in rotleuchtenden Buchstaben »Kyselak« auf. Das überraschte Publikum soll in Jubel ausgebrochen sein und immerfort gerufen haben: »Bravo Kyselak!«, »Hoch Kyselak!«

Joseph Kyselak war der Unsterblichkeit wieder einen Schritt näher gekommen. Ungeklärt blieb indes, wie dieser aufsehenerregende Streich gelang; angeblich, berichtete eine Zeitung, hatte Kyselak einen der Feuerwerkergehilfen bestochen.

Am Morgen des nächsten Tages wird Kyselak wie jeden Tag seine beiden Pudel, die er sich nach dem Tod der Wolfshündin »Duna« angeschafft hatte, äußerln geführt haben. Lächelnd und mit einer leichten Verbeugung wird er den Vorübergehenden gedankt haben, wenn sie ihn erkannten und grüßten oder ihm Komplimente zuriefen. Und manche werden ihn nur an den Pudeln erkannt haben, denn die waren nicht nur »von ungewöhnlicher Größe«, sondern hatten auch in ihr gekräuseltes Fell ein großes K geschoren. K wie Kyselak.

Randbemerkung 1

Der Zuckerbäckermeister Düsele fertigte am Tag der Heimholung ins Deutsche Reich eine Hitlerbüste aus Schokolade an und stellte sie in die Auslage seiner Konditorei am Marktplatz einer sudetendeutschen Kleinstadt: Gesichtshaut aus Mandelmasse, Schnurrbart und Kopfhaar aus dunkler Bitterschokolade, ein getreues Ebenbild des Führers; aber Düseles Auslage ging nach Süden, und der Tag der Heimholung ward von der Sonne willkommen geheißen; seine über der Stadt wehenden Hakensymbole warfen nicht ausreichend Schatten; schon kurz nach Mittag begann der Führer zu kollabieren; einer der Zuckergußaugäpfel löste sich und glitschte langsam abwärts, über das aufgeweichte Mandelgesicht, bis er am Grund der Auslage, zwischen sauren Zuckerstangen mit roten Röschen, Lutschern und Fünf-Heller-Weingummikrokodilen landete. In der zweiten Nachmittagsstunde expandierte seine Nase, fing an abzuschmelzen, der Führer machte nun ein langes Gesicht; es nahm einen verbitterten, übernatürlich traurigen Ausdruck an, Schokoladetränen rollten ihm die Wangen hinab wie Wachstropfen an einer schwarzen Osterkerze; gegen Abend ließ sich das, was von der schönen Konditorarbeit übrig war, kaum mehr als Gesicht erkennen, ein groteskes Profil, irgendwie angenagt, in die Länge gezerrt, abgrundtief traurig, ein polymorpher, zerweichter Totenkopf, der sich in der Kühle des Abends allerdings wieder verfestigte, und als der Konditormeister vom Gartenfest heimkehrte, wartete auf ihn, am Tag der ruhmreichen Heimholung, schon die Gestapo, das Schaufenster war züchtig mit Farbe zugepinselt. Was mit der Büste geschah, weiß ich nicht: vielleicht wurde sie vernichtet, vielleicht verspeist, oder des Meisters Nachfolger hat sie zu Marzipanferkeln verarbeitet.

Josef Škvorecký, »Das Baßsaxophon«, München 2005

DANIEL GOTTLOB MORITZ SCHREBER

Zuchtmeister

In den Standardwerken der Erziehungsgeschichte werden Daniel Gottlob Moritz Schrebers pädagogische Schriften nicht erwähnt. Allein die Schrebergartenbewegung, die zwar nach ihm benannt, aber erst nach seinem Tod gegründet wurde, erinnert an den Mann, der nicht nur ein bekannter und angesehener Arzt in Leipzig, sondern auch ein bigotter Erziehungsfanatiker war.

»Dem Heile künftiger Geschlechter« widmete er sein Hauptwerk »Kallipädie oder Erziehung zur Schönheit durch naturgetreue und gleichmässige Förderung normaler Körperbildung, lebenstüchtiger Gesundheit und geistiger Veredelung und insbesondere durch möglichste Benutzung specieller Erziehungsmittel«, das 1858 in Leipzig erschien. Schreber beklagte darin eine allgemeine »Herabgekommenheit« sowohl in physischer als auch in moralischer Hinsicht. Anstatt »hochherziger Gesinnung und mutvoller Tatkraft«, registrierte er »moralische Stumpfheit« und einen »vorherrschenden Hang zur Weichlichkeit und Sinnlichkeit – kurz Charakterlosigkeit in jeder Hinsicht«. Unermüdlich predigte er, die »unedlen Keime der menschlichen Natur, das Unkraut« rechtzeitig mit »Rastlosigkeit und Nachdruck« auszurotten. Schreber erinnerte die Eltern, daß »der Segen guter Erziehung« von Generation zu Generation fortwirke, und daß »ein gut erzogenes Kind dereinst als Vater oder Mutter die gleichen Grundsätze auf seine Kinder anwenden und vererben wird«. Stolz wies er immer wieder darauf hin, seine pädagogischen Methoden auch auf die eigenen Kinder angewandt zu haben.

Bereits für das erste Lebensjahr des Kindes stellte Dr. Schreber klar fest, worauf es ihm ankam: »Unterdrücke im Kind alles, halte von ihm fern alles, was es sich nicht aneignen soll; leite es aber beharrlich hin auf alles, was es sich angewöhnen soll.« Es dürfe dem Kind der Gedanke gar nicht aufkommen, »daß sein Wille herrschen könne, vielmehr muß die Gewohnheit, seinen Willen dem Willen der Eltern oder Erzieher unterzuordnen, in ihm unwandelbar befestigt werden, was nur durch ausnahmslose Konsequenz möglich ist«.

Schreber hegte keinen Zweifel, daß das »Selbstgefühl« des Kindes darauf beruhe, daß es nicht gegen die Disziplin trotze oder rebelliere. »Fast bei jedem Kinde aber, selbst dem bestgezogensten, taucht wenigstens einmal die Erscheinung der Widerspenstigkeit oder des Trotzes auf.« Nun käme es darauf an, den Trotz zu brechen, »und zwar auf der Stelle bis zur Wiedererlangung des vollen Gehorsams, nötigenfalls durch fühlbare Züchtigung«.

Um den Körper »zu möglichst schöner, edler Form und zu voller, dauerhaft fester Lebensfähigkeit« auszubilden, dachte sich Dr. Schreber eine Reihe von (orthopädischen) Apparaten und Geräten aus. Während der Wachstumsperiode des Kindes habe zum Beispiel die Art der Lage beim Schlafen entscheidenden Einfluß auf die Körperbildung. Die Rückenlage entspreche »allen Gesundheitsrücksichten am vollkommensten« (würde doch der Körper eines Kindes, wenn es zu lange auf einer Seite liege, an dieser Seite geschädigt). Um bei älteren Kindern das Umwälzen im Schlaf nach der Seite zu verhindern, empfahl er zwei ringförmige Schulterriemen, die am Bett des Kindes befestigt waren. Sie umfaßten, wenn die Arme hindurchgestreckt waren, die Schultern und wurden durch einen Riemen über der Brust miteinander verbunden.

Das »Vorfallenlassen der Schultern und des Kopfes«, so Schreber, sei ein unmißverständlicher Ausdruck für »Schlaffheit, Dummheit und Feigheit«. Seine Antwort darauf war die Konstruktion eines Schulterbandes, das aus einem nicht allzu elastischen Ledergurt bestand, in dem wattierte Metallfedern eingearbeitet waren, die den Gurt spannten und ihm einen sicheren Halt gaben. Getragen wurde das Schulterband unter den Kleidern, in Form einer Achterschleife um die Schultern.

Im Kampf gegen die unerwünschte Schlaffheit kam Schrebers Erfindungsgeist nicht zur Ruhe. Sein nächster Streich war ein Kopfhalter, der als »Erinnerungsmittel für die straffe Kopfhaltung« angelegt werden sollte. Eine Kombination von Gummi- und Lederband wurde an einem Ende in die Haare des Kindes geklemmt, das andere Ende an der Unterwäsche festgeknüpft. Jedes Mal, wenn das Kind den Kopf nicht geradehielt, wurde es an den Haaren gerissen. »Das Bewußtsein, daß der Kopf über einen gewissen Punkt hinaus sich nicht neigen kann«, versicherte Schreber, »wird bald so zur Gewohnheitssache.«

Dem schlaffen Kinderkörper konnte Schreber mit straffenden Maßnahmen begegnen, den Gefahren der asymmetrischen Körperbildung durch diverse Übungen, Bandagen oder sonstige Vorrichtungen. Doch wie der Gefahr beikommen, die »von körperlicher Seite her dem sittlichen Charakter« drohte und die in ihrer vernichtenden Wirkung gar nicht zu unterschätzen war? Schreber wußte, wovon er sprach: »Es sind die mit der geschlechtlichen Entwicklung verbundenen Triebe«; er meinte natürlich die Masturbation, diese »schleichende Pest der Jugend«, die dumm, stumpfsinnig, lebensmüde, zeugungsunfähig und für Erkrankungen des Unterleibes und der Nerven anfällig mache. Als Heilmittel und Kur empfahl er einen Zyklus von gymnastischen Übungen, wie beispielsweise Axthauen und Sägebewegungen, Armwerfen und Armstoßen, in hartnäckigen Fällen kalte Sitzbäder vor dem Schlafengehen, Kaltwasserklistiere und kalte Abreibungen der Schamgegend.

Dr. Schreber glaubte die Menschheit von Widersachern umstellt: der Schwäche, Lüsternheit, Trägheit, Schlaffheit und Feigheit. Er glaubte, »besonders wichtig und für das ganze Leben entscheidend ist es aber, in betreff Charakters, daß derselbe schon im Jünglings- und Jungfrauenalter eine Schutzmauer bildet gegen das krankhafte Vorherrschen der gemütlichen Seite, gegen jene schwächliche Empfindsamkeit, die Krankheit unserer Tage, welche als die allgemeinste Ursache der zunehmenden Häufigkeit der Lebensmüdigkeit, der Geisteskrankheiten und Selbstmorde zu erkennen ist«.

Es entbehrt nicht einer gewissen Ironie, daß Moritz Schrebers Sohn Paul, Doktor der Rechte und ehemaliger Senatspräsident beim Oberlandesgericht in Dresden, insgesamt nahezu vierzehn Jahre seines Lebens (von 1884 bis zu seinem Tod 1911) in verschiedenen Irrenanstalten verbrachte. 1903 veröffentlichte er unter dem Titel »Denkwürdigkeiten eines Nervenkranken« seine Memoiren, worin er Einblick in seine gepeinigte Psyche, bizarren Wahnvorstellungen und halluzinatorischen Empfindungen gab. Ein Exemplar des Buches landete über Vermittlung eines Dresdner Arztes in der Wiener Berggasse bei Sigmund Freud. Das Ergebnis von Freuds Lektüre (der Schreber nicht persönlich kannte) war die Abhandlung »Psychoanalytische Bemerkungen über einen autobiographisch beschriebenen Fall von Paranoia«, die er im Sommer 1911 veröffentlichte und die gewiß dazu beigetragen hat, den »Fall Schreber« zu einer der am häufigsten zitierten und diskutierten Fallgeschichten der modernen Psychiatrie werden zu lassen.

Aber auch der um drei Jahre ältere Bruder Gustav habe, das berichtete die jüngste Schwester Klara, an einer progressiven Psychose gelitten; er jagte sich mit achtunddreißig Jahren eine Kugel durch den Kopf.

Auf die Bedeutung von Dr. Schrebers Erziehungsmaßnahmen für die Phantasiewelt seines Sohnes Paul ist von Psychoanalytikern häufig hingewiesen worden. Paul Schreber muß während seiner »Nervenkrankheit« qualvolle und demütigende körperliche Erfahrungen erlitten haben, die er für »Wunder« hielt und die Gott (der Vater) durch »Strahlen« an seinem Körper bewirkte. Im XI. Kapitel der »Denkwürdigkeiten«, das mit »Schädigung der körperlichen Integrität durch Wunder« überschrieben ist, heißt es im ersten Absatz: »Seit den ersten Anfängen meiner Verbindung mit Gott bis auf den heutigen Tag ist mein Körper unausgesetzt der Gegenstand göttlicher Wunder gewesen. In dem ersten Jahre meines Aufenthalts auf dem Sonnensteine [Sanatorium in Pirna bei Dresden] aber waren die Wunder so bedrohlicher Natur, daß ich fast unaufhörlich für mein Leben, meine Gesundheit oder meinen Verstand fürchten zu müssen glaubte. [...] Eins der abscheulichsten Wunder«, so Paul Schreber, »war das sogenannte Engbrüstigkeitswunder; es wurde dabei der ganze Brustkasten zusammengepreßt, so daß der Zustand der durch die Atemnot verursachten Beklemmung sich dem gesamten Körper mitteilte.« An einer anderen Stelle heißt es: »Noch jetzt habe ich fast ununterbrochen mit einer Art von Kopfschmerzen zu tun, die zweifellos keinem anderen Menschen bekannt und mit gewöhnlichen Kopfschmerzen kaum zu vergleichen ist. Es sind die ziehenden oder zerrenden Schmerzen, welche dadurch entstehen, daß die angebundenen Strahlen jeweilig wieder einen Rückzug zu bewerkstelligen versuchen.«

Analytikern fiel die Ähnlichkeit zwischen den in den »Denkwürdigkeiten« aufgezählten »Wundern« und den Erziehungsmethoden auf, die Paul durch den Vater zu erleiden hatte. So kann das »Engbrüstigkeitswunder« mit dem erwähnten »Gürtel für das schlafende Kind« in Verbindung gebracht werden und die ungewöhnlichen Kopfschmerzen mit dem als »Kopfhalter« bezeichneten elastischen Band, das den kleinen Schreber vermutlich jedes Mal an den Haaren riß, wenn er den Kopf nicht geradehielt.

Dr. Schreber, den die Kinderpsychologin Alice Miller als einen der Hauptvertreter der »Schwarzen Pädagogik« bezeichnete, war der zweite Sohn des Leipziger Rechtsanwalts Daniel Gottfried Schreber und seiner Ehefrau Friederike, geborene Grosse. Er war ein kleinwüchsiger Mann, in seiner Jugend körperlich unterentwickelt und von schwacher Gesundheit. Aber durch hartes Training konnte er seine körperliche Leistungsfähigkeit erheblich steigern. Ein interessantes Detail aus seiner Biographie geht aus einem seiner Bücher hervor, das eine kurze Krankengeschichte enthält. Demnach scheint Schreber als Heranwachsender ein recht gestörter Mensch gewesen zu sein. Das »Geständnis eines wahnsinnig Gewesenen«, so der Titel, ist voller vager Andeutungen auf melancholische Attacken, morbides Grübeln und quälende Mordimpulse.

Daniel Gottlob Moritz Schreber starb am 10. November 1861, erst dreiundfünfzig Jahre alt, in Leipzig; seine letzten Worte sollen gewesen sein: »Leben ist Streben und nicht bloß Dasein.«

JOSHUA ABRAHAM NORTON

Kaiser von Amerika

San Francisco zog um die Mitte des 19. Jahrhunderts nicht nur riesige Karawanen von Goldsuchern, Glücksrittern und Desperados an, sondern auch jede Menge Sonderlinge und Exzentriker. Tagtäglich belebte eine schillernde Schar von Freaks die Straßen von Montgomery und Kearny, jeder einzelne in seine rätselhafte Lebensform und burleske Rolle vertieft. Unter ihnen »Oofty Goofty«, der wilde Mann von Borneo, der sich, beschmiert mit einer Mischung aus Teer und Pferdehaaren, in einem Käfig zur Schau stellte, sich mit Brocken rohen Fleisches füttern ließ und tierische Schreie ausstieß. Oder »Onkel Freddie Coombs«, der angeblich George Washington zum Verwechseln ähnlich gesehen haben soll und sich als Professor der Phrenologie ausgab. Bekleidet mit Kniehosen, gepuderter Perücke und Dreispitz, sagte er Passanten aufgrund ihrer Kopfform für ein paar Cents die Zukunft voraus. In dieser grotesken Szenerie fiel eine Figur besonders auf: »Kaiser Norton«.

Sein richtiger Name war Joshua Abraham Norton, geboren in England, in Priors-Lee (heute ein Vorort von Telford) in der Grafschaft Shropshire, als Sohn von John und Sarah Norton. Über das genaue Geburtsdatum gibt es recht unterschiedliche Angaben. Das Taufregister der Kirchengemeinde nennt den 17. Jänner 1811 als Geburtstag. Der Nachruf im *San Francisco Chronicle* berief sich auf die Inschrift am Sarg, wonach Norton, zuverlässigen Informationen nach, im Alter von fünfundsechzig Jahren gestorben sei, was auf 1814 als Geburtsjahr hinwiese. Andere Quellen, wie die Inschrift auf dem Grabstein und zeitgenössische Biographen, legten sich auf das Jahr 1819 fest, die California Historical Society gab in einem Aufsatz über Norton den 4. Februar 1819 an (allerdings mit dem Hinweis »wahrscheinlich in Schottland« geboren). Über seine Jugendjahre ist wenig bekannt, da er sich darüber nur selten geäußert hatte. Bekannt ist, daß Nortons Eltern gemeinsam mit einer Schar jüdischer Mitbürger 1820 von England nach Südafrika auswanderten, wo sie sich in Algoa Bay am Kap niederließen und offenbar als Schiffsausrüster erfolgreich waren. Jedenfalls hatte Norton vierzigtausend Dollar in der Tasche, als er, vom Goldrausch angelockt, im Dezember 1849 nach San Francisco kam. Doch er suchte sein Glück nicht auf den Goldfeldern an den Ausläufern der Sierra Nevada, sondern stieg in das Geschäft mit Immobilien ein und konnte durch umfangreiche Transaktionen sein Kapital um ein Vielfaches vermehren. Geholfen hätten ihm dabei, wie ein Biograph meinte, seine angeborene Gewitztheit, sein klarer Verstand und geschäftlicher Spürsinn.

China war damals der wichtigste Lieferant von Reis für Kalifornien. Dort kam es durch die Folgen des Opiumkrieges zu einer großen Hungersnot, und die chinesischen Behörden verboten den Export. Dadurch stieg in San Francisco der Preis pro Kilogramm Reis schlagartig von neun auf neunundsiebzig Cent. Im Hafen lag *The Glyde*, ein Frachtsegler mit einundneunzig Tonnen Reis aus Peru an Bord. Der Agent, ein Mister Sillem, zeigte Norton eine Handvoll Reis und sagte, wenn er die Ladung aufkaufe, könne er damit den Reismarkt unter seine Kontrolle bringen, für nur siebenundzwanzig Cent pro Kilogramm. Beim Weiterverkauf der einundneunzig Tonnen um neunundsiebzig Cent würde er mehr als siebenundvierzigtausend Dollar verdienen, ein Gewinn von beinahe zweihundert Prozent. Norton witterte seine Chance und kaufte kurzerhand die Schiffsladung auf. Tage darauf liefen unerwartet zwei Schiffe, ebenfalls aus Peru, in den Hafen von San Francisco ein, beladen mit Reis

bester Qualität. Das dadurch entstandene Überangebot drückte den Preis auf sechseinhalb Cent. Norton wollte aus dem Vertrag aussteigen und gab als Grund an, er sei von Mister Sillem getäuscht worden, die Qualität des gekauften Reises sei minderwertig und entspreche nicht dem Muster. Zweieinhalb Jahre stritten sie vor Gericht, bis schließlich 1855 der Richter den Schiffseignern und dem Agenten recht gab.

Der Goldrausch war vorbei. Die Kaufleute in San Francisco blieben auf ihren Waren sitzen, die Preise fielen in den Keller; Schiffe verrotteten an den Kais; der Immobilienmarkt kippte, Geschäfte schlossen, Banken krachten, Konkurse waren alltäglich. San Francisco selbst war beinahe am Ende. Und Joshua Norton war bankrott.

Auch gesellschaftlich ging es bergab. Die Creme der Gesellschaft schnitt ihn, Geschäftspartner und nahe Freunde brachen den Kontakt ab, und seine Freimaurerloge schloß ihn aus. Er mußte seine noble Etage in der Battery Street aufgeben und in ein schäbiges Mietshaus ziehen, das von Arbeitern bewohnt wurde. Gelegentlich tauchte sein Name noch im *Daily Alta* auf, wo er sich in Anzeigen als »commission agent« für Gerste, Kaffee und Leinöl anbot.

1859 war ein folgenreiches Jahr. In Großbritannien erreichte die industrielle Revolution ihren Höhepunkt, die eine gewaltige Umwälzung der gesellschaftlichen Verhältnisse zur Folge hatte; Charles Darwin brachte mit seinem Monumentalwerk »Die Entstehung der Arten« das Weltbild des christlichen Abendlandes ins Wanken; in Solferino tobte die Entscheidungsschlacht zwischen Österreich und dem von Frankreich unterstützten Piemont-Sardinien, und in Kalifornien wurde über die Sklavenfrage (die zwei Jahre später zu einem schrecklichen Bürgerkrieg führen sollte) handgreiflich gestritten. Höchstrichter David Terry attackierte in einer Rede die Abolitionisten (die für die Abschaffung der Sklaverei eintraten), worauf ihn Senator Broderick von San Francisco empört einen verdammten Schuft nannte. Terry war darüber so aufgebracht, daß er Broderick zum Duell forderte und ihn erschoß. Und Joshua Norton, der die Schmach seiner existentiellen Niederlage nicht überwinden konnte, verlor offensichtlich den Verstand.

Am 17. September 1859 betrat er die Redaktion des *San Francisco Bulletin* in der Clay Street und übergab dem Chefredakteur George Fitch eine Proklamation, die prompt am nächsten Morgen unter der Schlagzeile »Have We An Emperor Among Us?« gedruckt erschien:

»Auf die ausdrückliche Bitte und den Wunsch einer großen

Mehrheit der Bürger dieser Vereinigten Staaten hin erkläre und proklamiere ich, Joshua A. Norton, mich selbst zum Kaiser besagter Vereinigten Staaten. Kraft dieser mir dadurch zuteil gewordenen Autorität ordne ich an und befehle, daß sich die Repräsentanten der einzelnen Bundesstaaten der Union am ersten Tag des kommenden Februar in der hiesigen Musical Hall zu versammeln haben, um dortselbst entsprechende Änderungen im bestehenden Recht der Union vorzunehmen, die die Verderbtheiten, unter denen das Land zu leiden hat, abstellen und dadurch Vertrauen in das Dasein schaffen sollen, sowohl hier zu Hause als auch im Ausland, sowohl in bezug auf unsere Stabilität als auch Integrität.« Gezeichnet war die Botschaft mit »Norton I., Kaiser der Vereinigten Staaten«.

Schon früher hatte Norton sich abfällig über die demokratische Form der Union und ihre Politiker geäußert; sie seien ineffizient, korrupt und eigennützig. Hingegen bewunderte er die englische Monarchie, das British Empire, und konnte nicht verstehen, daß sich Amerika als aufstrebendes Empire betrachte, wo doch seine Führer durch Wahlen bestimmt würden.

Die »Regentschaft« Nortons I., von den Bürgern nachsichtig belächelt, begann mit einem weiteren Erlaß, der wieder im *Bulletin* unter dem ironischen Titel publiziert wurde: »Ein weiterer Ukas von Zar Norton – Kongreß aufgelöst. Aufgepaßt, Welt! Seine kaiserliche Hoheit Norton I. hat das folgende Edikt erlassen und dem Bulletin zur Verbreitung anvertraut. Und nun geht's los!« Darin erklärte er, daß das allgemeine Wahlrecht, wie es jetzt in der Union existiere, mißbraucht werde; daß Betrug und Korruption die ehrliche und angemessene Äußerung des Volkswillens verhinderten; daß laufend offene Verstöße gegen die Gesetze vorkämen, die von Parteien, kriminellen Banden und dem Einfluß politischer Sekten verursacht würden. Aus diesem Grund ordne er die Abschaffung des Kongresses an und fordere noch einmal die Repräsentanten aller Parteien auf, am 1. Februar des nächsten Jahres (1860) in Platt's Music Hall zu erscheinen, um wirksame Schritte zu besprechen, wie dem beklagten Übel abzuhelfen sei.

Einige Tage vor dem angesetzten Termin brannte die Music Hall ab; Norton mußte notgedrungen das Treffen auf den 5. Februar verschieben. Es sollte jetzt in der Assembly Hall stattfinden, wie er in einem weiteren Bulletin bekanntgab. Dazu eingeladen waren auch alle interessierten Bürger, die den großen Tag für Kalifornien nicht versäumen sollten. Aber als Kaiser Norton pünktlich bei der Assembly Hall eintraf, waren die Tore verschlossen, die Halle dunkel, kein Mensch weit und breit zu sehen. Der letzte Satz seiner vorbereiteten Rede: »Nichts und niemand kann die Nation vor dem vollkommenen Ruin retten als eine absolute Monarchie unter der Aufsicht und Autorität eines unabhängigen Kaisers«, mußte unausgesprochen bleiben.

Da die »rebellierenden« Politiker in Washington seine Aufforderung ignorierten und der Kongreß sich nicht auflöste, wie er verfügt hatte, befahl Norton der Armee, einzugreifen. Als auch diese Anordnung mißachtet wurde, erlaubte der Kaiser, wenn auch mißmutig, dem Kongreß die Weiterarbeit.

Nortons Berühmtheit wuchs. »Norton the First or An Emperor for a Day«, ein Theaterstück, hatte auf San Franciscos neuer Bühne, Tucker's Hall, Premiere; als der Kaiser in Begleitung des Direktors zur Vorstellung erschien, begrüßten ihn das Publikum mit Applaus und das Orchester mit einer Fanfare. Als 1863 französische Truppen in Mexiko eindrangen, fand irgendein Spaßvogel, Mexiko brauche einen Beschützer, und schlug als logische Wahl Kaiser Norton vor. Naiv und geschmeichelt ergänzte er seinen Titel und nannte sich zusätzlich noch »Schutzherr von Mexiko«.

1867 beging ein übereifriger Polizist namens Armand Barbier den Fehler, Seine Majestät Norton I. für geistesgestört zu erklären und einzusperren. Es hagelte heftige Proteste der Bürger und Zeitungen. Ihn, den bekannten und von allen aufrichtigen Bürgern geliebten freundlichen Monarchen als wahnsinnig zu bezeichnen, sei haarsträubend und niederträchtig. Rasch verfügte der Polizeichef Patrick Crowley die Freilassung Nortons, nicht ohne sich in aller Form zu entschuldigen. Auch die Polizisten erwiesen künftighin dem Kaiser Respekt und salutierten, wenn sie ihm auf der Straße begegneten.

Viele der Dekrete, die Norton zugeschrieben wurden, waren freilich Fälschungen, einige klug, viele dumm; geschrieben von Zeitungsredakteuren aus Spaß, um ihre Leser zu unterhalten oder sich über Norton lustig zu machen. Ein Redakteur, der begriff, daß Norton mehr als ein Spinner war, und Sympathie für ihn empfand, war Mark Twain vom *Daily Morning Call*. Von Zeit zu Zeit erwähnte er den Kaiser in seiner Kolumne. »Ach«, schrieb er einmal, »es war immer schmerzlich für mich, den Kaiser betteln zu sehen; wenn auch sonst ihn niemand für einen Kaiser hielt, er selber glaubte es.«

Nortons äußere Erscheinung war zweifellos pittoresk, wenngleich sie nicht der Würde eines Monarchen entsprach. Er war mittelgroß und untersetzt, hatte klare, durchdringende Augen, buschige Augenbrauen, einen wuchernden Kinn- und Oberlippenbart und war stets mit diversen abgetragenen Uniformteilen bekleidet, die er entweder von der Armee geschenkt bekam oder im Auktionshaus an der Pacific Street billig erstand. Meist trug er einen marineblauen Offiziersrock der Union mit glanzlosen goldenen Epauletten, dazu einen hohen Hut aus Biberhaar, verziert mit Straußenfedern, einen Kavalleriesäbel an seiner Hüfte und einen knorrigen Wanderstab aus dem Holz eines Weinstocks mit Silberplatte, auf der »Norton I., Emperor U.S.« eingraviert war, gleichsam als sein Zepter. Ab 1863 bewohnte er ein tristes Zimmer in Eureka Lodgings, einer Absteige in der Commercial Street, nicht größer als drei mal zwei Meter. Die Einrichtung bestand lediglich aus einem eisernen

Klappbett, einem Sessel, einem Nachttisch und einer Waschschüssel. Seine Kleidungsstücke hängte er an Zimmermannsnägeln auf, die in die Wand geschlagen waren. Die einzige Dekoration an den schmutzigen Wänden waren Lithographien von Königin Victoria von England, Königin Emma von den Sandwich-Inseln, Kaiserin Carlotta (Charlotte von Belgien, Gemahlin Maximilians I.) von Mexiko und Kaiserin Eugénie von Frankreich.

Nortons Tagesablauf war stets der gleiche. Zunächst besuchte er das noble Empire House Hotel, um die Zeitungen zu lesen. Dann spazierte er zum Portsmouth Square, wo er Freunde traf, mit denen er Neuigkeiten austauschte und diskutierte. »Er zeigte ein würdiges und königliches Gebaren, galt jedoch als liebenswürdiger, leutseliger Mann, der in der Unterhaltung gerne scherzte. Er sprach vernünftig und klug über jeden Gegenstand, außer über sich oder sein Kaiserreich«, schrieb sein Biograph William Drury. Wenn die Glokken von Old St. Mary's zwölf schlugen, kehrte er im feinen Restaurant Martin & Horton's oder im berühmten Bank Exchange ein, um sein kostenloses Mittagessen einzunehmen; dafür durften die Lokale mit dem Titel »By Appointment to His Majesty, Norton I.« werben. Die Nachmittage verbrachte er in der Bibliothek des Bohemian Club, im Mercantile oder Mechanic's Institute, las Bücher, spielte Schach, das er meisterlich beherrschte, und verfaßte auf dem eleganten Briefpapier der Institute seine berühmten Proklamationen. Abends besuchte er Debattierklubs, Vorträge oder das Theater. Er betrachtete es als seine kaiserliche Pflicht, regelmäßig Schulen, Märkte, die Docks und andere städtische Einrichtungen zu besuchen und sich über Mißstände zu informieren. Kurios wie viele Dinge seiner Regentschaft war die Ausgabe von Schuldscheinen im Nennwert von fünfzig Cent bis zehn Dollar, »Imperial Treasury Bond Certificates« genannt. Er verkaufte diese Scheine an Touristen, Lokale und Geschäfte mit dem Versprechen, sie 1880 mit sieben Prozent Zinsen einzulösen. Natürlich glaubte das niemand; einzig wertvoll waren die Noten als Souvenir aus San Francisco.

Hinter Nortons Verrücktheit verbarg sich aber auch ein Mann mit Geist. Als geradezu genial kann sein Weitblick angesehen werden, der im Dekret vom 23. März 1872 zum Ausdruck kam. Darin ordnete er, »as soon as convenient«, den Bau einer Hängebrücke über die San Francisco Bay, von Oakland Point nach Goat Island und weiter nach Telegraph Hill, an. Fünfundsechzig Jahre später, 1937, wurde die berühmte Golden Gate Brücke über die Meerenge eröffnet.

Am Abend des 8. Jänner 1880, auf dem Weg zu einer Debatte der Hastings Society in der Academy of Natural Science, brach Norton auf dem Gehsteig in der California Street bewußtlos zusammen. Wenige Minuten danach starb er an den Folgen eines Gehirnschlags. Am nächsten Tag machte der *San Francisco Chronicle* mit der Schlagzeile auf: »Le Roi Est Mort«. Andere führende Zeitungen in Cleveland, Seattle, Denver, Philadelphia und Portland berichteten ebenfalls über seinen Tod; der *Cincinnati Enquirer* widmete ihm einen respektvollen Nachruf, der mit den Worten schloß: »Ein Kaiser ohne Feinde, ein König ohne Königreich, im Leben unterstützt durch die bereitwillige Anerkennung freier Menschen.«

Geschätzte zehntausend Menschen nahmen von Kaiser Norton in der Leichenhalle Abschied, wo er in einem Meer von Blumen aufgebahrt lag; alle Klassen waren vertreten, schrieb der *Chronicle*, Kapitalisten und Arme, Taschendiebe und elegant gekleidete Damen, Menschen vom Alter gebeugt und plappernde Kinder. Der Leichenzug, der Norton von der Aufbahrung bis zum Masonic Cemetery begleitete, soll mehr als drei Kilometer lang gewesen sein. Als 1934 San Francisco alle seine Friedhöfe schloß, um Bauland zu gewinnen, wurden Joshua Nortons Gebeine exhumiert und in einer feierlichen Zeremonie im Woodlawn Memorial Park in Colma beigesetzt.

Die Erinnerung an Kaiser Norton, der zwanzig Jahre eingesponnen in seinem Wolkenkuckucksheim lebte, hielten weltbekannte Schriftsteller wie Mark Twain oder Robert Louis Stevenson wach. Twain schuf die Figur des Königs in »Huckleberry Finn« nach ihm, bei Stevenson kommt er in dem Roman »Die Ausschlachter« vor. Auch der belgische Cartoonist Morris (Maurice de Bévère) dachte an Norton, als er seinen einsamen Cowboy Lucky Luke gegen den exzentrischen »Kaiser von Amerika« zu Felde ziehen ließ. Und die San Francisco Brewing Company bietet nach wie vor für Liebhaber eines »milden Biers mit einzigartigem Malzcharakter« ihre Sorte »Emperor Norton Lager« an.

WILLIAM MCGONAGALL

Knight of the White Elephant

Alljährlich feiern die Schotten am 25. Jänner in der »Burns Night« den Geburtstag ihres Nationaldichters Robert Burns. Aber es gab noch einen anderen schottischen Poeten, der nicht minder berühmt war – dieser allerdings wurde von seinen Landsleuten als der Welt schlechtester Dichter verspottet und verunglimpft: William McGonagall. Zeit seines Dichterlebens wurde er mit unverhüllter Ironie als »the Great McGonagall« gefeiert. Sein Verleger, der die poetischen Ergüsse als Zweipence-Heftchen herausgab, mit denen McGonagall in den Straßen von Dundee hausieren ging, machte stolz Reklame für ihn als »der größte Verfasser schlechter Verse seiner Zeit – oder aller Zeiten«. Einer der anerkanntesten Dichter Schottlands des 20. Jahrhunderts, Hugh MacDiarmid, gab 1936 in London ein Buch mit dem Titel »Scottish Eccentrics« heraus. Darin kommt auch McGonagall vor, über den er wenig schmeichelhaft meinte: »Er war kein schlechter Dichter, noch weniger ein guter schlechter Dichter. Er war überhaupt kein Dichter; daß er in Schottland zum Synonym schlechter Dichtung wurde, ist bloß die natürliche Konsequenz der schottischen Unempfänglichkeit gegenüber den Eigenschaften guter wie schlechter Dichtung.« Was ihn von den unzähligen »working-man poets« unterschied, schreibt MacDiarmid, »war, daß er keine Ahnung von Dichtung hatte. Ihre abgenutzten Klischees, ihre kleinen Höhenflüge von Phantasie, jede Andeutung von auch nur ein klein wenig Geist, ihre Themen, und vor allem ihr Humor – nichts davon stand ihm zur Verfügung.« McGonagall hingegen war felsenfest überzeugt von seiner überragenden schöpferischen Begabung, ja er gab sich dem Glauben hin, der beste Dichter Britanniens nach William Shakespeare zu sein. Den autobiographischen Aufzeichnungen, die in seinem Hauptwerk »Poetic Gems« (»Poetische Juwelen«) versammelt sind, stellte er als Widmung voran: »Sich selbst gewidmet, der keinen Größren kennt«.

McGonagall hatte sich heillos in einer Lebenslüge verstrickt, denn die Wirklichkeit sah ganz anders aus. In seiner Glanzzeit kam das Publikum doch nur, um über seine miserablen Verse zu lachen, höhnische Bemerkungen zu machen und ihn mit Erbsen, Torten, faulem Obst und rohen Eiern zu bewerfen. Einmal trug er in einem Pub in Dundee eigene Gedichte vor und meinte danach, »es war ein großer Triumph«, obwohl die Gäste, allesamt Trinker und Grobiane, den Kellner aufgefordert hatten, ihn mit einem nassen Lappen zu traktieren, was dieser prompt tat. Studenten verulkten ihn als »Knight of the White Elephant, Burmah«, ein Titel, den er gutgläubig bis an sein Lebensende gebrauchte. »Wie kann es sein«, schrieb *The Scotsman* am 10. Februar 1891, »so grübeln die Anhänger McGonagalls, daß ein Mann, dem es so leicht gelingt, andere vor Lachen umfallen zu lassen, dem Lachen gegenüber so unempfindlich ist! Könnte es nicht den Spötter McGonagall geben, der sich in der himmlischen Ruhmeshalle ins Fäustchen lacht? Könnte es sein, daß er die letzte unbetonte Silbe in jeder Strophe ganz bewußt abschwächt, als Gegenmittel zu Zeitgenossen wie Tennyson, die einfach die Gabe hatten, es richtig zu machen?« In seinen Lebenserinnerungen erwähnte McGonagall selbstgewiß, es seien vor allem zwei Ereignisse gewesen, die ihn berühmt gemacht hätten: sein Fußmarsch (den er »seltsames Abenteuer« nannte) im Juni 1878 von Dundee nach Balmoral Castle, um Königin Victoria zu besuchen, und sein Gedicht »The Railway Bridge of the Silvery Tay«.

Als glühender Verehrer der Queen wollte er ihr eigene Gedichte

und Sonette von Shakespeare vortragen. Also wanderte er nach dem hundert Kilometer entfernten Balmoral und klopfte an die Türe der Pförtnerloge. Ein Wachmann öffnete und fragte ihn unwirsch, was er wolle. Der Dichter antwortete, er sei der Poet McGonagall, seine Kunst stehe unter dem Patronat Ihrer Majestät, und er bitte um Erlaubnis, die Queen mit einigen Versen unterhalten zu dürfen. Darauf zeigte er dem Pförtner tatsächlich einen Brief der Königin, in dem sie ihn ihrer Schirmherrschaft versicherte. Der Brief war allerdings nicht von ihr, sondern von einem Spaßvogel verfaßt worden. Der Konstabler las die Zeilen und erklärte, sie seien reine Fälschung. Wenn er so denke, entgegnete McGonagall, könne er ihn, den Dichter, ruhig in Gewahrsam nehmen. Nun verlangte der Wachmann, daß er als Beweis seines Könnens vor der Pförtnerloge etwas vortragen solle. Empört lehnte McGonagall ab, er sei kein fahrender Scharlatan, und wenn er schon rezitieren solle, dann nicht unter freiem Himmel und nur gegen Bezahlung. Nun reichte es dem Wachmann, und er wies den Barden an, zu verschwinden. Wieder nach Dundee zurückgekehrt, schwadronierte McGonagall einem Zeitungsreporter gegenüber von seiner Begegnung mit der Queen, wobei er stolz darauf hinwies, daß er nunmehr als »Poet to Her Majesty« gelte. Als die Geschichte in Dundees *Weekly News* erschien, soll sie, das behauptete jedenfalls McGonagall, großes Aufsehen erregt haben, wodurch seine Popularität erheblich gestiegen sei.

Die Stadt Dundee liegt am Fluß Tay, der in den Firth of Tay mündet. Über diesen Meeresarm begann man 1871 eine drei Kilometer lange gußeiserne Eisenbahnbrücke zu bauen, um eine schnelle Verbindung zwischen Dundee und Edinburgh herzustellen. Als im September 1877 der erste Personenzug die Brücke passierte, feierte man das Bauwerk als technische Meisterleistung, und McGonagall pries den »Triumph der Ingenieurskunst« in einem Gedicht, seinem zweiten, das leider in seiner ganzen Pracht nicht adäquat zu übersetzen ist. Es beginnt so:

»Beautiful Railway Bridge of the Silvery Tay!
With your numerous arches and pillars in so grand array
And your central girders, which seem to the eye
To be almost towering to the sky.
The greatest wonder of the day,
And a great beautification to the River Tay,
Most beautiful to be seen,
Near by Dundee and the Magdalen Green.«

Aber schon zwei Jahre später, am Abend des 28. Dezember 1879, kam es zu einer der größten Katastrophen in der Geschichte des

Brückenbaus. Zu diesem Zeitpunkt fegte ein orkanartiger Sturm über den Fjord, und als sich der Postzug aus Edinburgh gerade in der Mitte der Brücke befand, stürzte diese unter der Last und dem Winddruck ein und riß Lokomotive samt sechs Waggons mit in die Tiefe. Von den fünfundsiebzig Passagieren und dem Zugpersonal überlebte niemand das Desaster. Der Konstrukteur, Thomas Bouch, nach der Fertigstellung der Brücke als Held gefeiert und von der Queen zum Ritter geschlagen, starb ein Jahr danach als gebrochener Mann.

Bestürzt griff McGonagall neuerlich zur Feder und verfaßte ein Gedicht, dessen vorletzte Strophe lautet:

»As soon as the catastrophe came to be known
The alarm from mouth to mouth was blown,
And the cry rang out all o'er the town,
Good Heavens! the Tay Bridge is blown down,
And a passenger train from Edinburgh,
Which fill'd all the peoples hearts with sorrow,
And made them for to turn pale,
Because none of the passengers were sav'd to tell the tale
How the disaster happen'd on the last Sabbath day of 1879,
Which will be remember'd for a very long time.«

In Deutschland ging die Katastrophe einem Mann zu Herzen, der als einer der wichtigsten Vertreter des poetischen Realismus gilt: Theodor Fontane. Er geißelte die Fortschrittsgläubigkeit seiner Zeit mit dem Gedicht »Die Brück' am Tay«, das mit der Zeile endet:

»Hei! Wie Splitter brach das Gebälk entzwei.
Tand, Tand,
Ist das Gebilde von Menschenhand.«

William McGonagall wurde 1825 in Edinburgh als Sohn irischer Einwanderer geboren. Der Vater, ein Handweber, zog mit seiner Familie von Ort zu Ort der Arbeit nach, die durch das Vordringen der mechanischen Webstühle immer weniger wurde. In Glasgow, wo der Vater als Baumwollweber Arbeit fand, besuchte William die Schule, allerdings nur achtzehn Monate, dann konnten die Eltern das Schulgeld nicht mehr aufbringen, weil der Vater wieder arbeitslos geworden war; es war die einzige Schulbildung, die William erhielt. Schließlich landeten die McGonagalls in Dundee, damals ein blühendes Zentrum der Juteverarbeitung, doch auch hier war die Arbeit rar geworden. William erlernte bei seinem Vater die Weberei, die er, wenn es Arbeit gab, auch ausübte. Und er begann Shakespeare zu lesen, vertiefte sich vor allem, wie er angab, in die Figuren Macbeth, Hamlet, Othello und Richard III. Sein sehnlichster Wunsch war es, diese Rollen auf der Bühne darzustellen. Er versuchte zunächst sein Glück bei einem Mister Giles, der ein Theater in Dundee leitete. Dieser verlangte eine hohe Kaution, bevor er ihn auftreten lassen wollte. McGonagall kratzte die Summe bei seinen Arbeitskollegen zusammen und durfte schließlich in der Rolle des Macbeth debütieren. Als er in der dritten Szene seinen ersten Satz deklamierte, »So schön und häßlich sah' ich nie 'nen Tag«, reagierte das Publikum mit stürmischem Beifall. Der Höhepunkt indes kam in der letzten Szene, in der Macduff in einem Fechtkampf (»Nun, so ergib dich, Memme!«) Macbeth töten soll. McGonagall weigerte sich zu sterben, weil er fürchtete, sein eifersüchtiger Schauspielerkollege könnte ihm die Szene vermasseln. »Ich setzte den Kampf fort, bis er vollkommen erschöpft war; ein alter Mann unter den Zuschauern rief: ›Gut gemacht, McGonagall! Gib's ihm!‹ Das tat ich auch, bis er [Macduff] außer sich war vor Wut und mit dem Fuß aufstampfte und schrie: ›Du Narr, warum fällst du nicht?‹ Und als ich dann fiel, riefen alle: ›McGonagall! McGonagall! Vor den Vorhang! Vor den Vorhang!‹ Schließlich mußte ich heraustreten und die Ovationen entgegennehmen.«

Zum Dichter berufen fühlte sich McGonagall erst, als er das fünfzigste Lebensjahr überschritten hatte. In seiner Autobiographie erinnerte er sich, wie er sich fühlte, als ihn »the spirit of poetry« überkam. Es war im Juni 1877; er saß in seinem Hinterzimmer in der Paton's Lane und war traurig, daß er kein Geld hatte, in die Highlands zu wandern und die blühende Natur zu bewundern. Doch plötzlich »schien eine Flamme, wie Lord Byron sagt, meinen ganzen Körper zu entzünden«; er verspürte ein leidenschaftliches Verlangen, Gedichte zu schreiben, und das Bedürfnis war so stark, daß er eine innere Stimme hörte, die rief: »Write! Write!«

William McGonagall, der »Poet and Tragedian of Dundee«, starb am 29. September 1902 in Edinburgh; er wurde in einem Armengrab beerdigt. Als letzte Demütigung schrieb man seinen Namen am Totenschein noch falsch, als »William McGonigal«.

Randbemerkung II

London, 25. Juli (AFP). Zwei britische Vogelliebhaber haben einander ein Jahr lang für Eulen gehalten. Die beiden Nachbarn im westenglischen Stokeinteignhead ahmten allabendlich den Schrei einer Eule nach und freuten sich dann über die prompte Antwort des vermeintlichen Vogels jenseits des Zauns, wie britische Zeitungen am Freitag berichteten. Der einundvierzig Jahre alte Neil Simmons, der sich intensiv mit Eulen beschäftigt, habe den »Dialog« mit seinem Nachbarn Fred Cornes sogar über die gesamten zwölf Monate hinweg aufgenommen.

Eine zufällige Unterhaltung der beiden Ehefrauen der Vogelliebhaber brachte dann die Wahrheit an den Tag. »Meine Frau Kim erzählte Freds Frau Wendy von meiner Beobachtung der Eulen und beschrieb, wie ich die Eulen zum Antworten brachte«, berichtete Simmons. »Sie sagte: ›Das ist ja lustig, genau das gleiche hat Fred die ganze Zeit gemacht.‹ Dann fiel der Groschen. Ich habe mich wie ein Trottel gefühlt.« Der achtundfünfzig Jahre alte Cornes reagierte anders als sein Nachbar. »Ich fühle mich wirklich geschmeichelt«, sagte er. »Ich habe nie gewußt, daß ich so echt klinge.«

IGNATIUS LOYOLA DONNELLY

Pseudowissenschafter

Kaum ein Bericht der Antike hatte eine ähnlich nachhaltige Wirkung wie Platons Beschreibung des versunkenen Kontinents Atlantis in den beiden Dialogen »Timaios« und »Kritias«. Detailreich gibt der griechische Philosoph darin Auskunft über die Geographie, Geschichte und das politische System des mythischen Inselreichs. Es sei außerhalb der Säulen des Herakles im Atlantik gelegen, größer als Asien und Libyen zusammen; ein »großes und wunderbares Reich«, eine schlagkräftige Seemacht, die große Teile Europas und Afrikas unterworfen habe. Als die »Heeresmasse« der Atlanter auch das Ur-Athen erobern wollte, schreibt Platon, kam es – neuntausend Jahre vor Platon – zum Krieg, in dem sich die zahlenmäßig unterlegenen Hellenen »durch Mut und Kriegskünste« behaupten konnten. Danach vernichteten gewaltige Erdbeben und Überschwemmungen »während eines schlimmen Tages und einer schlimmen Nacht« das alte Athen und sein »streitbares Geschlecht« und ließen die Insel Atlantis im Meer versinken.

An mehreren Stellen des Berichts läßt Platon Kritias betonen, daß seine Geschichte nicht erfunden sei, sondern sich tatsächlich so ereignet habe. Das mag dazu beigetragen haben, daß es stets Gelehrte, Pseudoforscher und Spinner gegeben hat (und immer noch gibt), die an die Existenz von Atlantis glauben wollten und wollen. Vor allem nach der Entdeckung Amerikas wurden alle möglichen Hypothesen über den geographischen Ort von Atlantis aufgestellt. Im 17. Jahrhundert war es Athanasius Kircher, Jesuit und Universalgelehrter, der über Vulkanismus, Meere und das Entstehen und Verschwinden von Land forschte und sich in seinem Werk »Mundus subterraneus« ausführlich mit Atlantis beschäftigte. 1665 entwarf er sogar eine Karte der Insel, die er mitten im Atlantik lokalisierte.

Zwei Jahrhunderte später gaben sich die Atlantis-Theorien zwar recht wissenschaftlich, waren aber auch nicht mehr als Humbug. Der französische Arzt und Maya-Forscher Augustus Le Plongeon veröffentlichte am 10. März 1901 im *New York Herald* einen Artikel, in dem er nachzuweisen versuchte, daß sich an der Pyramide von Xochicalco im mexikanischen Bundesstaat Morelos Reliefdarstellungen und Hieroglyphentexte befänden, durch die Platons Schilderung vom Untergang der Insel Atlantis bestätigt würde. Le Plongeon, Comte de Coqueville, 1826 auf der Kanalinsel Jersey geboren, lebte mit seiner aus Amerika stammenden Frau Alice viele Jahre in den Ruinen der Maya-Stadt Chichén Itzá, wo er als erster eines der berühmtesten Maya-Kunstwerke entdeckte, die Statue des »liegenden Gottes« Chac-Mool. In seiner Publikation »Sacred Mysteries among the Mayas & Quiches 11 500 years ago«, New York 1886, versuchte er ferner den Beweis anzutreten, daß bei den Maya der Ursprung aller Mysterien und Götterlehren der antiken Kulturen liege und daß sich diese von Mexiko und den angrenzenden Teilen Mittelamerikas nach Indien, Mesopotamien, Ägypten und Palästina ausgebreitet hätten. Um seine Theorien zu beweisen, machte er sich daran, die erhaltenen Hieroglypheninschriften zu entschlüsseln (Texte, die sich später als reine Phantasiegebilde herausstellten). »Die Pyramide von Xochicalco«, schrieb Le Plongeon in dem anfangs erwähnten Artikel, »ist, wenn nicht eines der ältesten von Menschen errichteten Bauwerke, letztendlich eines der wichtigsten der Geschichte der Menschheit unter den modernen christlichen und mohammedanischen Kulturnationen. Dieses Bauwerk ist ein auf Stein geschriebener Bericht über die furchtbare Katastrophe, die den Unter-

gang und die Zerstörung des Landes Mu (Platons Atlantis) mitsamt seiner Bevölkerung von 64 000 000 Menschen vor 11 500 Jahren auslöste.«

Sein Ansehen bei Archäologen und Epigraphikern verspielte Le Plongeon endgültig, als er die haarsträubende These vertrat, Jesus von Nazareth habe seine letzten Worte am Kreuz in der Maya-Sprache geäußert. Er starb als gebrochener Mann 1908 in Brooklyn.

Einfallsreicher und weitaus überspannter als Le Plongeon war gewiß Ignatius Loyola Donnelly, der mit seinem 1882 erschienenen umfangreichen Werk »Atlantis: The Antediluvian World« zur Lichtgestalt aller Atlantisjünger avancierte. Das Buch erlebte mehr als fünfzig Auflagen und gehörte zu den meistgelesenen seiner Zeit. Dank der New-Age-Bewegung ist es nach wie vor aktuell (zuletzt erschien es im März 2003, es wird von Amazon.de, Libri.de oder Thalia.at angeboten).

Donnelly wurde am 3. November 1831 in Philadelphia, Pennsylvania, geboren. Er studierte Jus und übersiedelte 1856 gemeinsam mit seiner Frau Katherine in den Bundesstaat Minnesota, wo er sich im Dakota County unterhalb von Hastings am Ufer des Mississippi niederließ und gemeinsam mit John Nininger »Nininger City« gründete, eine Art »utopischer« Stadt, die Siedler anziehen sollte. Das Projekt scheiterte in der Wirtschaftskrise Ende der 1850er Jahre, und die bis dahin gebauten Gebäude – außer Donnellys Herrenhaus – verkamen. Danach engagierte er sich in der Politik, wurde stellvertretender Gouverneur, republikanischer Kongreßabgeordneter und Senator von Minnesota. Nach seinem Ausscheiden aus der Politik 1878 war er als Anwalt tätig und begann an seiner Atlantis-Theorie zu basteln.

Donnelly war offensichtlich überzeugt von seiner Geisteskraft, der er zutraute, jedes Problem, wie kompliziert oder verwirrend es auch sei, lösen zu können, wobei er sich um wissenschaftliche Erkenntnisse wenig scherte. Mit unverdrossenem Eifer, der seine geistigen Fähigkeiten weit übertraf, ging er ans Werk, wobei seine verschrobenen Ansichten geprägt waren von falsch verstandenen geologischen und archäologischen Aufzeichnungen (aus denen er unentwegt zitierte), mangelnder Rechenkunst und wüsten linguistischen Interpretationen. Oft hat es den Anschein, als habe er antike Mythen mit historischen Gegebenheiten verwechselt.

Im ersten Teil seines Werkes über die »vorsintflutliche Welt« verriet Donnelly seine gewonnenen Erkenntnisse mit der Bemerkung, nichts und niemand könne beweisen, daß er unrecht habe: Der versunkene Kontinent Atlantis sei der Ursprung jeglicher Zivilisation, stellte er ungeniert fest, der Garten Eden, das Elysium, der Garten der Hesperiden, der Olymp, die Insel der Phäaken, das Himmelreich Asgard, wo die ersten Menschen in einem Zustand vollkommenen Friedens lebten und in Glückseligkeit schwelgten. Die Götter und Göttinnen der alten Griechen, Phönizier, Hindus und Skandinavier seien die Herrscher und Helden von Atlantis gewesen, ihre Darstellung in der Mythologie eine konfuse Erinnerung an reale geschichtliche Ereignisse. Die älteste Kolonie der Atlanter sei wahrscheinlich Ägypten gewesen, dessen Zivilisation eine getreue Nachbildung jener in Atlantis. Die Verehrung des Sonnengottes in Ägypten wie auch im Inkareich erkannte Donnelly als den ursprünglichen Kult des Mutterlandes.

Die ersten, die es verstanden, Eisen aus Erz zu gewinnen, waren natürlich die geschickten Metallurgen in Atlantis, von denen auch Geräte und Werkzeuge der europäischen Bronzezeit herrührten. Und das phönizische Alphabet, schwafelte Donnelly weiter, das ja der Ursprung aller europäischen Alphabete sei, stamme ebenfalls aus Atlantis und sei von dort auch zu den Maya gelangt.

Den Untergang von Atlantis, die Zerstörung durch eine furchtbare Naturkatastrophe, übernahm Donnelly von Platon (dessen Erzählung mit Kritias' Worten endet: »Deshalb ist auch die dortige See jetzt unbefahrbar und undurchforschbar, weil der sehr hoch aufgehäufte Schlamm im Wege ist, welchen die Insel durch ihr Untersinken hervorbrachte.«). Donnelly aber spann die Geschichte hellseherisch weiter. Bei ihm gibt es Überlebende, zwar nur wenige, aber diesen sei es gelungen, auf Schiffen und Flößen zu entkommen. Sie hätten ihre Zivilisation über die Länder in Ost und West verbreitet und Kunde von der entsetzlichen Katastrophe gegeben, die in Mythos und Sage von der Sintflut und anderen durch Götter hervorgerufenen Überschwemmungen überlebte.

Nach seinem erfolgreichen Debüt als Autor wandte sich Donnelly wieder der Politik zu und wurde Mitbegründer einer neuen Partei, der »Populist Party« (von der er sogar als Kandidat für das

Amt des Vizepräsidenten nominiert wurde). Er publizierte hurtig weiter, zum Beispiel unter dem Pseudonym Edmund Boisgilbert einen Science-fiction-Roman, der ebenfalls ein Bestseller wurde. Mit »The Great Cryptogram: Francis Bacon's Cipher in the So-Called Shakespeare Plays« wagte sich Donnelly erneut auf pseudowissenschaftliches Terrain. Er meinte nachweisen zu können, daß der begabte und ehrgeizige Jurist Francis Bacon, der 1624 mit seiner Fabel von »Neu-Atlantis« ein utopisches Zukunftsbild entworfen hatte, der wahre Autor von William Shakespeares Werken sei.

Ignatius Donnelly starb am 1. Jänner 1901 in Minneapolis, Minnesota, kurz nachdem er in zweiter Ehe seine Sekretärin Marion Hanson geheiratet hatte. Sein Grab ist auf dem Calvary Cemetery in St. Paul – Minneapolis zu finden.

FERDINAND CHEVAL

Wirrwarr-Baumeister

Im Jänner 1879 wurde Jules Grévy zum französischen Staatspräsidenten gewählt, und Ferdinand Cheval faßte einen schicksalhaften Entschluß, der ihn, ohne daß er es ahnte, der Unsterblichkeit einen winzigen Schritt näher bringen sollte.

Monsieur Cheval war Facteur, ein einfacher Landbriefträger in Hauterives, einer kleinen Gemeinde im Département Drôme. Damals keine leichte Tätigkeit; jeden Tag und bei jedem Wetter mußte er mit der schweren ledernen Posttasche zweiunddreißig Kilometer marschieren, von Hauterives nach Tersanne und zurück. Die langen, eintönigen Fußmärsche durch die hügelige, bewaldete Landschaft der Dauphiné boten dem Briefträger aber auch genügend Zeit, sich seinen Gedanken hinzugeben und zu träumen, von fernen Ländern, exotischen Tieren, von den Wundern der Welt. Diese fand er in den Ausgaben des *Magasin Pittoresque* abgebildet, in denen er, das ist bekannt, fleißig blätterte, vielleicht auch auf Postkarten, die er auszutragen hatte. In seiner Vorstellung scheinen sich die Kupferstiche und Lithographien zu einem einzigen Bild verdichtet zu haben: Cheval phantasierte sich einen Sehnsuchtstempel.

Längst hatte er begonnen, rastlos Steine zu sammeln; Feldsteine, abgeschliffene Kiesel, Fossilien, die er am Rand seiner Wegstrecke zurückließ, um sie am Abend mit einem Korb oder Schubkarren nach Hause zu holen. Und dann, in diesem Jahr 1879, begann er auf einem brachliegenden Grundstück in Hauterives zu bauen: sein »Palais Idéal«, seinen »Feenpalast«, sein Lebenswerk, das alle Völker,

»die guten Willens sind«, darin vereinen sollte. »Krake, Meerestier, Gallier, wach auf, der Römer ist hier durchgezogen«, würde er später, neben unzähligen anderen naiven Sinnsprüchen und Zitaten, in Stein und Beton ritzen.

»Ich nannte mich selbst einen Verrückten, einen Wahnsinnigen; ich war kein Maurer, ich hatte nie eine Kelle angerührt, als Steinmetz kannte ich keinen Meißel; von der Architektur spreche ich erst gar nicht, ich hatte sie nie studiert.« Trotzdem begann er mit rätselhafter Phantasie aus den gesammelten Steinen mit Kalk und Zement zunächst die »Grotte des heiligen Amadeus« zu errichten, mit je einem Wasserfall zu beiden Seiten. Das allein kostete ihn drei Jahre Arbeit. Dann setzte er ein Monument im ägyptischen Stil daneben, das er »Tempel der Natur« nannte und in dessen Gruft er sich »wie einst die Pharaonen« beerdigen lassen wollte (was ihm aber untersagt wurde). Es folgten eine »Grotte der heiligen Jungfrau Maria«, »Die vier Evangelisten«, der »Leidensweg der Engel«, ein großer Hindutempel mit vier mächtigen Säulen, welche die Einheit der Religionen darstellen sollten. Auf der anderen Seite formte er aus Sand und Kalk, bespickt mit Kieseln, drei überlebensgroße Figuren von Cäsar, Archimedes und dem gallischen Helden Vercingetorix; zwischen ihren Beinen lagen zwei Mumien. In Nischen und Galerien plazierte er Adam und Eva, die keltische Priesterin Veleda, Isis, die ägyptische Göttin der Fruchtbarkeit, und Sokrates. An der Westseite, wie die Ostseite sechsundzwanzig Meter lang, baute er eine Moschee, daran fügte er eine mittelalterliche Burg, ein quadratisches Haus im algerischen Stil, ein Schweizer Chalet mit vier Tannen aus Stein und einen kleinen Hindutempel. Als Erklärung für die Mit- und Nachwelt gravierte er: »Die Feen des Orients verbrüdern sich mit dem Okzident.« Wie den Halluzinationen eines Opiumrauchers entsprungen, entstand ein Labyrinth aus Türmchen, Treppen, Galerien, Bögen, Terrassen und Balustraden; Podeste aus Mar-

morkugeln, Girlanden und Palmenzweige aus Muscheln, Rosetten aus Kieseln, Blumensträuße aus Austernschalen; menschenähnliche Figuren, Tierköpfe, Elefanten, Schlangen, Kamele, Krokodile, großohrige Hunde, Ziegen, Gänse, Adler und undefinierbare seltsame Vögel, wie aus Sekreten zusammengeleimt, übergossen mit grauem Teig. »Für meine Idee hat mein Körper allem widerstanden, dem Wetter, der Kritik, den Jahren.«

Die Einwohner von Hauterives machten sich lustig über ihren Briefträger, hielten sein irrwitziges Werk für das Hirngespinst eines Narren. Er aber folgte unbeirrt seinem Gestaltungsdrang, baute in jeder freien Minute, oft bei künstlichem Licht bis in den Morgen hinein, zwanghaft weiter und begegnete dem Spott mit den Worten: »Auf dem Feld der Arbeit erwarte ich den, der mich besiegt.«

Im Alter von sechsundsiebzig Jahren war Facteur Cheval schließlich am Ziel seiner Träume und das »Palais Idéal« vollendet. Nach seinen Angaben hatte er für das Mauerwerk, dessen Volumen er auf eintausend Kubikmeter schätzte, insgesamt dreitausendfünfhundert Säcke Kalk und Zement verarbeitet. An der Nordostecke beim Aufgang zur Galerie ritzte er mit dem Meißel wie zum Beweis seiner geradezu übermenschlichen Leistung: »1879–1912. 10 Tausend Tage, 93 Tausend Stunden, 33 Jahre Mühe. Wer hartnäckiger ist als ich, mache sich ans Werk.«

Ferdinand Cheval wurde am 19. April 1836 in Charmes-sur-l'Herbasse, zehn Kilometer von Hauterives entfernt, als Sohn von Kleinbauern geboren. Er erlernte das Bäckerhandwerk und trat mit einunddreißig Jahren in den Postdienst, den er als Briefträger bis zu seiner Pensionierung versah. Am 19. August 1924 starb der Wirrwarr-Baumeister Cheval im Alter von achtundachtzig Jahren; zuvor aber rief er noch allen Spöttern trotzig zu: »Ich habe die Königin der Welt aus einem Traum gehoben.«

Sein Leben war geprägt von schweren Schicksalsschlägen. Beide Eltern starben, bevor er zwanzig wurde. Seine Frau Rosalie verschied, noch bevor er mit seinem Werk begann. Der erstgeborene Sohn erlebte kaum sein erstes Jahr. Die Tochter aus zweiter Ehe, mit Claire-Philomène, erkrankte an Hirnhautentzündung und starb, als sie fünfzehn war. Vielleicht erklären diese Umstände, seine Einsamkeit und sein Schmerz, den unbändigen Schaffensdrang, die Besessenheit, der Nachwelt etwas zu hinterlassen, was von seinem Leben Zeugnis ablegte.

Die surrealistische Bewegung, vor allem ihr wichtigster Theoretiker, André Breton, entdeckte Chevals Traumkonglomerat, das sich jeder kunsthistorischen Interpretation entzieht, schon frühzeitig für sich und schloß es in ihr Herz. Auch Pablo Picasso, Max Ernst oder Jean Tinguely pilgerten nach Hauterives, um Cheval ihren Respekt zu erweisen. Als Friedensreich Hundertwasser, der sich ebenfalls als Baumeister versuchte, am 4. Juli 1958 in der Benediktinerabtei Seckau sein berühmt-berüchtigtes »Verschimmelungsmanifest gegen den Rationalismus in der Architektur« verlas, erwähnte er auch den Landbriefträger Cheval:

»Jeder soll bauen können«, polterte Hundertwasser, »und solange diese Baufreiheit nicht existiert, kann man die gegenwärtige, geplante Architektur überhaupt nicht zur Kunst rechnen. Die Architektur unterliegt bei uns derselben Zensur wie die Malerei in der Sowjetunion. Was realisiert ist, sind einzeln dastehende erbärmliche Kompromisse von Linealmenschen mit schlechtem Gewissen.

Schon das Bei-sich-Tragen einer geraden Linie müßte, zumindest moralisch, verboten werden. Das Lineal ist das Symbol des neuen Analphabetentums. Das Lineal ist das Symptom der neuen Krankheit des Zerfalls.« Und er führte eine Liste »von beispielgebenden gesunden Architekturen« an, die, wie er meinte, »leider beschämend klein« sei. Darin enthalten sind sowohl die Bauten von Antoni Gaudí in Barcelona als auch Ferdinand Chevals »Palais Idéal«.

Zehn Jahre nach Hundertwasser publizierte Peter Weiss im Suhrkamp Verlag seinen Essay »Der große Traum des Briefträgers Cheval«, in dem er über den »aufgetürmten Termitenbau« und seinen Schöpfer schrieb:

»Er hat sich in seinem Traum verschanzt, sein Traum ist seine Festung, draußen, hinter der Gartenmauer, ist das Dorf, der Alltag, hier drinnen baut er sich in immer dichteres Filigranwerk ein. Vielleicht verspottet er den Beschauer nur, vielleicht verlacht er ihn oben hinter den Schießscharten seiner höchsten Traumhöhen.«

Initiativen, das Werk des Sonderlings mit staatlichen Geldern zu restaurieren und unter Denkmalschutz zu stellen, scheiterten allerdings lange Zeit an den Pariser Kulturbürokraten. 1964 wurde in einem Rapport beschieden: »Das Ganze ist absolut scheußlich, ein erbärmlicher Haufen von Unsinn, der sich im Hirn eines Bauernlümmels zusammenbraute.« Erst fünf Jahre später gelang es dem damaligen Kulturminister André Malraux, das »Palais Idéal« als »das einzige Beispiel naiver Baukunst in der ganzen Welt« unter Schutz zu stellen.

Heute ist das »achte Wunder der Dauphiné, ja Frankreichs oder gar der ganzen Welt«, wie Cheval sein Werk einmal nannte, eine Touristenattraktion, die jährlich über hunderttausend Besucher anlockt. Und vor dem Postamt von Hauterives, wo vor hundertzwanzig Jahren die Leute die Nase rümpften und mit Spott und Hohn nicht sparten, wurde 1984 eine bronzene Büste aufgestellt; im selben Jahr ehrte die Post Facteur Cheval mit einer Briefmarke. Er ist in die Unsterblichkeit eingegangen.

HIRAM MAXIM

Todesengel

Zunächst drei recht unterschiedliche Zitate:

»Daß es Geräte wie Schußwaffen gibt, so leicht zu bedienen wie ein Feuerzeug und so billig wie ein Toaster, fähig, wenn jemand dazu aufgelegt ist, meinen Vater oder Fats oder Abraham Lincoln oder John Lennon oder Martin Luther King jr. oder eine Frau mit Kinderwagen umzubringen, sollte für jedermann Beweis genug sein, daß, um den alten Science-fiction-Autor Kilgore Trout zu zitieren, ›am Leben zu sein eine Schatztruhe voller Scheiße ist‹.« (*Kurt Vonnegut in »Zeitbeben«*)

»Das Drama des Krieges ist der Sturmangriff. Der Tod ist ein alltägliches Ereignis, und man stirbt ohne Schrecken. Aber das Bewußtsein, in den Tod zu gehen, die Gewißheit, dem Tod nicht entrinnen zu können, machen die Stunden, die dem Sterben vorangehen, zur Tragödie. [...] Wir hatten die Cholera, und viele starben daran, aber die Soldaten lachten über die Seuche. Was ist schon die Cholera, verglichen mit dem Frontalfeuer eines Maschinengewehrs?« (*Emilio Lussu in »Ein Jahr auf der Hochebene«*)

»Auf dem Schulweg, im Straßengraben, / das Heulen des Tieffliegers, dann / Staubwölkchen links, vorne, rechts, / lautlos, und erst hinterher / das Hämmern der Bordkanone. / Die Bewunderung hielt sich in Grenzen.

Später, viel später, taucht er auf / aus dem alten Lexikon. Ein Bauernjunge. / Die Farm in der Wildnis, heimgesucht / von den Bären. Das ist sehr lange her. / Mit vierzehn die Stellmacherlehre: / 16 Stunden am Tag, vier Dollar Monatslohn. / Schlug sich durch als Gelbgießer, / Boxer, Instrumentenmacher, schrie: / Ein chronischer Erfinder bin ich!, / verbesserte Mausefallen, Lockenwickler / und baute ein pneumatisches Karussell. / Sein Dampfflugzeug, Kesselgewicht / 1200 Pfund, drei Tonnen Speisewasser, / zerschellte am Eigengewicht. / Auch sein Kaffeersatz war kein Erfolg. / Erst die große Ausstellung in Paris, / eine Feerie aus Glühfäden und Bogenlampen, / brachte Ehrenlegion und die Erleuchtung.
Drei Jahre später konnte der Prince of Wales / in den Kellergängen von Hatton Garden / ein präzises Wunder besichtigen: / es lud, spannte, verriegelte, zog ab, / öffnete den Verschluß, warf die Hülse aus, / lud und spannte, immer wieder, von selbst, / und die Kadenz – fabelhaft! Die Kadenz: / zehn Schuß pro Sekunde, Dauerfeuer. / Der Rückstoßlader! Das ist genial, / rief der Duke of Cambridge, nie wieder / wird der Krieg sein, was er gewesen ist! / Eine Waffe von unerhörter Eleganz. / Der Ritterschlag folgte postwendend.
Heute natürlich, wo diese Errungenschaft / auf jedem Schulhof zu haben ist, / fällt es schwer zu empfinden, / was er empfunden hat: die triebhafte Freude / eines bärtigen Säugetiers mit 270 Patenten. / Wir jedenfalls, hundert Jahre jünger als er, / lagen wie tot da am Straßenrand.« *(Hans Magnus Enzensberger in »Kiosk«)*

Enzensbergers Gedicht heißt »Zur Erinnerung an Sir Hiram Maxim«, und wer dieser Mann war, ist daraus nicht schwer zu erraten: ein Erfinder, der sich eine der teuflischsten Waffen zur Mechanisierung des Tötens ausdachte.

Hiram Stevens Maxim kam am 5. Februar 1840 unweit des kleinen Ortes Sangerville, Piscataquis County, im Bundesstaat Maine zur Welt; in einer Gegend, die damals buchstäblich noch Wildnis war. Er wuchs in eher bescheidenen Verhältnissen auf, hütete im Sommer Schafe und besuchte fünf Jahre lang die örtliche einklassige Schule. Von seinem Vater, einem geschickten Zimmermann und Selfmade-Mechaniker, lernte er mit Holz und Metall umzugehen. Im Alter von vierzehn Jahren kam der umtriebige Hiram in die Lehre eines Stellmachers; dort versuchte er sich erstmals als Erfinder und konstruierte, zur Freude seines Lehrherrn, eine wirkungsvolle Mausefalle.

Nach Reisen durch Kanada und den Staat New York landete Maxim, mittlerweile vierundzwanzig Jahre alt, in Boston, wo er Louisa Jane Budden heiratete, eine gebürtige Engländerin, die ihn anfangs als ungehobelten Bauerntölpel betrachtet hatte. Nach einem kurzen Intermezzo in der Fabrik seines Onkels Levi Stevens in Fitchburg, Massachusetts, in der Gasbeleuchtungen hergestellt wurden, gründete er mit finanzieller Unterstützung des Kaufhausmagnaten Alexander T. Stewart sein eigenes Unternehmen in New York, die Maxim Gas Company, die sich ebenfalls mit Gasbeleuchtungen beschäftigte. Maxim dachte praktisch, war phantasievoll und vielseitig, und er besaß die wertvolle Eigenschaft, sich um die Lösung von Problemen zu bemühen, die im Mittelpunkt der neuen technologischen Entwicklungen standen. So wurde ihm auch bald klar, daß die Zukunft dem elektrischen Licht gehörte. Er begann mit Elektrizität, Dynamos und Glühbirnen zu experimentieren. Von seinen Plänen und Modellen waren einige New Yorker Finanziers so beeindruckt, daß Spencer D. Schuyler im Juni 1878 die United States Electric Lighting Company gründete, um die Erfindungen Maxims, der als Chefingenieur angeheuert worden war, auf den Markt zu bringen. Nachdem Maxim eine Glühlampe erfunden hatte, deren Glühfäden besser waren als die von Thomas A. Edison, zog er sich den Haß des berühmten Erfinders zu, der ihn – sicherlich zu Unrecht – als »Pirat« beschimpfte. Aber auch Maxim entwickelte eine krankhafte Abneigung gegen Edison, was für Schuyler einer der Gründe gewesen sein mag, ihn nach Europa zu schicken, angeblich um Patente zu erwerben, aber in erster Linie, um den hitzigen Erfinder loszuwerden.

1881 war ein denkwürdiges Jahr für Maxim: Er heiratete seine zweite Frau, Sarah Haynes, und gemeinsam traten sie die Reise nach Europa an. Es war gleichsam ein Abschied von den Vereinigten Staaten, denn er sollte dort nie mehr seinen Wohnsitz haben. In Paris nahm er an der ersten »International Electrical Exhibition« im Palais de l'Industrie teil, wo er (wie auch Edison) für seine Leistungen als Erfinder geehrt wurde. In den Monaten danach gelang es Maxim, für Electric Lighting in Paris und Brüssel noch diverse Patente zu akquirieren. Dann allerdings wurde das Unternehmen von der Westinghouse Company übernommen, und Maxim spürte, daß seine Strom-Karriere zu Ende ging. Die Bemerkung eines Amerikaners, den er zufällig in Wien getroffen hatte, lenkte seinen Erfindergeist in eine vollkommen andere Richtung: »Vergessen Sie Ihre Chemie und Elektrizität! Wenn Sie eine Menge Geld machen wollen, erfinden Sie etwas, was es diesen Europäern ermöglicht, sich gegenseitig wirksamer umzubringen.«

Von nun an konzentrierte sich Hiram Maxim darauf, aus der Vorliebe europäischer Militärs und Rüstungsunternehmen für neue Ideen Kapital zu schlagen. Er übersiedelte nach London, mietete eine Werkstätte in Hatton Garden und dachte über eine automatische Waffe nach.

Als Vater des Maschinengewehrs gilt der Londoner Rechtsanwalt James Puckle, der 1718 ein nach ihm benanntes Steinschloßgewehr patentieren ließ, mit dem neun Schüsse in der Minute abgefeuert werden konnten. Es war auf einem Dreibein montiert und besaß einen Lauf sowie eine drehbare Trommel, die mehrere Kugeln enthielt.

Das erste wirklich funktionierende Maschinengewehr entwikkelte der aus North Carolina stammende Richard Gatling während des amerikanischen Bürgerkriegs, in dem naiven Glauben, die entsetzliche Wirkung seiner Waffe sei so abschreckend, daß sie das Abschlachten rasch beenden würde; ein Irrtum. Die 1862 zum Patent erhobene Gatling Gun hatte sechs rotierende Läufe, die von Hand gedreht wurden; damit war es möglich, für damalige Verhältnisse unglaubliche zweihundert Schuß pro Minute abzugeben.

Dem Gatling-Maschinengewehr an Feuerkraft und Zuverlässigkeit aber weit überlegen war jene Waffe, die sich Maxim ausdachte und im Sommer 1885 auf der Erfindermesse in South Kensington präsentierte. Ihre Konstruktion beruhte auf dem Prinzip, daß der Rückstoß einer Patrone genutzt wurde, um die nächste zu laden und abzufeuern. Mit sechshundertsechzig Schuß pro Minute besaß die Maxim Gun die Feuerkraft eines ganzen Bataillons – ein »Instrument des Teufels«, wie es hieß, das nicht bloß tötete, sondern buchstäblich abschlachtete.

Maxims Maschinengewehr revolutionierte die Kriegführung; in den folgenden Jahren wurden, nach anfänglichen Zweifeln, fast alle großen Armeen damit ausgerüstet. Erstmals verwendet wurde es 1893 von den Briten bei der Eroberung von Matabeleland (einer Region im Süden des heutigen Simbabwe). Der nächste Konflikt in Afrika, bei dem Maxim-Maschinengewehre in größerer Stückzahl eingesetzt wurden, war der Aufstand des Mahdi im Sudan. In der Schlacht von Omdurman besiegte am 2. September 1898 ein angloägyptisches Expeditionskorps unter Horatio Herbert Kitchener die etwa fünfzigtausend Mann starke Armee der Mahdisten (Anhänger des als Mahdi bezeichneten Mohammed Achmed, der den heiligen Krieg gegen Ägypten predigte) unter der Führung des Kalifen

Abdallah ibn Mohammed. In nur wenigen Stunden wurden neuntausendsiebenhundert Mahdisten vom Geschütz- und Maschinengewehrfeuer niedergemäht, zehntausend verwundet. Diese Schlacht gilt auch als Wendepunkt der »Kriegskunst«, da Infanterie und Kavallerie gegen die Feuerkraft automatischer Waffen machtlos waren. Augenzeuge damals war übrigens der spätere Premierminister Winston Churchill, der als junger Kavallerieoffizier bei den 21. Lancers diente und den Feldzug in dem Buch »The River War« (1899) literarisch verarbeitete. Und der erzkatholische englische Schriftsteller Hilaire Belloc bemerkte dazu zynisch: »Was auch geschehen mag, wir haben das Maxim-Maschinengewehr und sie nicht.«

Im Juli 1905 erhoben sich die unter deutscher Kolonialherrschaft stehenden Völker Ostafrikas. Während die Kolonialpresse immer noch von »Überfällen«, »ungünstigen Vorgängen« und »Unruhen« schrieb und »afrikanische Zauberer« dafür verantwortlich machte, war der erste antikoloniale Befreiungskampf in der Geschichte Afrikas längst in vollem Gange. Die Ngoni, die Pogoro, die Mbunga, die Bena, immer mehr Völker schlossen sich ihm an, am Ende waren es ihrer zwanzig. Von der Küste des Indischen Ozeans im Osten bis zum Nyasa-See im Westen, von den Ufern des Rufijis bis zum Rio Ruvuma, überall war ihr Schlachtruf zu hören: »Maji-Maji!« Nach anfänglichen Erfolgen der Maji-Kämpfer schlugen die im Oktober 1905 verstärkten »Schutztruppen« mit aller Macht zurück. Ihre »Strafexpeditionen« endeten häufig in fürchterlichen Massakern, denn die Aufständischen waren zwar zahlreich, aber mit ihren Speeren, Keulen, Pfeilen und antiquierten Schießgeräten hoffnungslos unterlegen. Wie überall in Afrika setzten die Europäer eine vernichtende Waffe ein: das moderne Maxim-Maschinengewehr. Ein deutscher Kommandant schrieb nach einem Frontalangriff der Maji-Kämpfer in sein Tagebuch: »Außer zwanzig Kiwanga-Leuten [Truppen eines mit den Deutschen verbündeten Machthabers] habe ich keinen Mann verloren. Aber der Gegner? Ganze Reihen, ja Berge von Toten konnte ich durch mein Glas auf allen Kampfplätzen erkennen.« Zwei Jahre später war der Aufstand in Blut ertränkt. Auf seiten der »Schutztruppen« waren fünfzehn Weiße und dreihundertneunundachtzig Afrikaner gefallen. Die vielgerühmten Askari, die schwarzen Söldner, gehörten neben den verrohten deutschen Soldaten zu den berüchtigtsten Menschenschindern. Sie kamen aus Nubien, dem heutigen Sudan, oder aus anderen Regionen der Kolonie und hatten keinerlei Beziehung zu den aufständischen Völkern. Genaue Zahlen zu den Toten gab es keine: Geschätzt wurde aber, daß rund hunderttausend Einheimische Ostafrikas an den direkten oder indirekten Folgen des Krieges starben.

Im Ersten Weltkrieg verblutete dann eine ganze Generation im Maschinengewehrfeuer, weil Generäle noch immer Sturmangriffe befahlen, wie sie früher sinnvoll gewesen sein mochten; nun aber brachen sie im Kugelhagel der neuen Waffen zusammen.

Als Hiram Maxim am 24. November 1916 im Alter von siebenundsiebzig Jahren in London starb, war er steinreich, seit 1900 englischer Staatsbürger und von Königin Victoria für seinen »Erfindergeist« in den Adelsstand erhoben worden.

Randbemerkung III

Lore Harp, eine Computerspezialistin aus San Mateo, Kalifornien, hatte es irgendwann satt, in öffentlichen Toiletten mit unappetitlichen oder verschmutzten Klobrillen in Berührung zu kommen. Sie überlegte und fand eine denkbar einfache Lösung, die es Frauen ermöglicht, Toiletten wie ein Mann zu benutzen – nämlich stehend.

Was sich Lore Harp ausdachte, wurde als »Feminine urinary device« am 21. Juli 1987 vom US-Patentamt anerkannt und unter der Nummer 4,681,573 registriert. »The Funelle«, wie Miss Harp ihren Hygieneartikel nannte, besteht aus einem Stück gefalztem Karton, der zu einem kleinen Trichter gefaltet wird, »to direct a stream of urine a comfortable distance away from the body«, wie die Patentschrift verdeutlicht. Nach Gebrauch wird der Trichter in das Klosettbecken geworfen, wo er sich nach dem Hinunterspülen auflöst.

NIKOLA TESLA

Mann von der Venus

»Nikola Tesla war kein Erdenmensch. Die Außerirdischen gaben an, an Bord eines Raumschiffes, das im Juli 1856 einen Flug von der Venus zur Erde unternahm, sei ein männliches Kind geboren worden. Der kleine Junge wurde Nikola genannt. Das Raumschiff landete um Mitternacht vom 9. auf den 10. Juli in einer entlegenen Bergregion im heutigen Jugoslawien. Dort wurde, wie vereinbart, das Kind einem guten Mann und seiner Frau in Obhut gegeben, dem Pfarrer Milutin und Djouka Tesla.«

Diese Information, versicherte Arthur H. Matthews, ein Elektroingenieur und Ufologe aus Quebec, Kanada, habe er durch außerirdische Wesen empfangen, als deren Raumschiff am 27. Dezember 1937 nahe Lac-Beauport landete. Matthews war Jünger und viele Jahre Assistent von Tesla gewesen, und er schrieb ein Buch: »The Wall Of Light, Nikola Tesla and the Venusian Space Ship, The X-12« (man kann es nach wie vor bei Health Research, Pomeroy, Washington, bestellen). Sein ultimativer Ratschlag: »Jedes Mal, wenn wir etwas tun wollen, sollten wir zuerst Gott um Weisheit bitten, denn er ist der Urheber aller Wissenschaft. Tesla konnte so viel zustande bringen und in die Zukunft blicken, weil er Gott verstand. Aus meinem eigenen persönlichen Kontakt mit den Außerirdischen habe ich erfahren, daß sie ihren Fortschritt ihrem Glauben und ihrem Gehorsam Gott gegenüber verdanken.«

Andere Tesla-Anbeter und New-Age-Süchtige wie die Mitglieder der Unarius Educational Foundation, die ihren Sitz in El Cajon,

Kalifornien, haben und eine neue Wissenschaft des Lebens predigen (»Everything is Energy«), verehren ihn als »die letzte irdische Inkarnation des Erzengels Michael«; eine amerikanische Hardrock-Band namens »Tesla« wiederum verkündet auf ihrer LP *psychotic supper*: »He was electromagnetic / Completely kinetic / New Wizard of the West«. Robert A. Wilson, der das Buch »Cosmic Trigger« schrieb (»Die letzten Geheimnisse der Illuminaten oder An der Grenze des erweiterten Bewußtseins«, 1979 auf deutsch bei Rowohlt erschienen), schwärmte von Tesla als weltlichem Schamanen, dessen Lebensziel es gewesen sei, »die reichlich vorhandene [freie] Energie so billig zu verwerten, daß die ganze Welt in Wohlstand leben könnte; er kam diesem Ziel in seinem späteren Werk so nahe, daß die ihn unterstützenden Firmen den Geldhahn wieder zudrehten, und zwar aus Angst, er würde ihre Monopolstellungen – und somit ihren Reichtum – untergraben«.

In jüngster Zeit tauchte Tesla als exzentrischer Erfinder in Christopher Nolans Zaubererfilm »Prestige« auf, verkörpert vom Popstar David Bowie.

Eine Menge »verrückter« Anekdoten hat »Saint« Tesla selbst in die Welt gesetzt, beispielsweise jene mit der weißen Taube. Es war um das Jahr 1940, als er seinem späteren Biographen John O'Neill in der Lobby des Hotels *New Yorker*, in dem er damals wohnte, anvertraute: »Jahrelang habe ich Tauben gefüttert, unübersehbar viele, auf Plätzen und in Parks. Aber es gab eine Taube, einen schönen Vogel, blendend weiß mit lichtgrauen Flecken auf den Flügeln, ein Weibchen. Ich hätte diese Taube unter allen anderen erkannt. Egal wo ich mich aufhielt, die Taube fand mich; ich mußte sie nur herbeiwünschen und rufen, schon flog sie mir zu. Sie verstand mich, und ich verstand sie. Ich liebte diese Taube. Ja, ich liebte diese Taube, wie ein Mann eine Frau liebt, und sie liebte mich. Die Taube war die Freude meines Lebens. Dann, eines Nachts, als ich im Dunkeln im Bett lag und wie üblich Probleme zu lösen versuchte, flog sie durch das offene Fenster auf meinen Schreibtisch. Ich wußte, sie brauchte mich; sie wollte mir etwas Wichtiges erzählen; also stand ich auf, und als ich sie ansah, wußte ich, was sie mir sagen wollte – sie war im Begriff zu sterben. Plötzlich schossen aus ihren Augen starke Lichtstrahlen, grell und blendend, ein Licht, intensiver als ich es jemals in meinem Labor produziert hatte. Als die Taube starb, ging etwas aus meinem Leben fort und ich wußte, daß mein Lebenswerk zu Ende sei.«

Einem Journalisten von *The World Today*, Allan L. Benson, wollte Tesla 1912 weismachen, er könne die Erde spalten wie ein Kind einen Apfel – »und die Laufbahn des Menschen für immer beenden«. Benson fragte ihn, wie er das bewerkstelligen wolle. »Die Erde schwingt in einer Periodenzahl von etwa einer Stunde und neunundvierzig Minuten«, erklärte Tesla. »Das bedeutet: Wenn ich in einem bestimmten Augenblick auf die Erde schlage, geht eine Kontraktionswelle hindurch, die in einer Stunde und neunundvierzig Minuten in Form einer Expansionswelle zurückkehrt. Tatsächlich ist die Erde wie alles andere in ständiger Schwingung begriffen, zieht sich pausenlos zusammen und dehnt sich wieder aus.

Nun nehmen Sie einmal an, daß ich in genau dem Moment, in dem sie sich zusammenzuziehen beginnt, eine Tonne Dynamit zünde. Das verstärkt die Kontraktion, und in einer Stunde und neunundvierzig Minuten kommt eine ebenso verstärkte Expansionswelle zurück. Wenn sie abebbt, könnte ich eine weitere Tonne Dynamit zünden und die Kontraktionswelle noch weiter verstärken. Angenommen, das würde immer aufs neue wiederholt: Gibt es noch einen Zweifel, was dann geschieht? Ich bin fest davon überzeugt, daß sich die Erde spalten würde. Das erste Mal in der Geschichte haben die Menschen das Wissen zur Verfügung, um in kosmische Prozesse eingreifen zu können.«

Im Februar 1935 erschien im *Liberty Magazine* ein Artikel von

Tesla mit dem Titel »A Machine to End War«. Darin sprach er von Strahlen, mit denen sich jede Nation, schwach oder stark, selbst verteidigen könne. »Meine Erfindung erfordert eine große Anlage«, schrieb er, »doch wenn sie erst einmal besteht, wird es möglich sein, im Umkreis von zweihundert Meilen alles zu zerstören, Mensch oder Maschine. Sie wird sozusagen eine Kraftmauer entstehen lassen, ein unüberwindliches Hindernis gegen jeden Angriff. Mein Apparat wirft Partikel aus, relativ groß oder mikroskopisch klein, und ermöglicht es, in ein weit entferntes, relativ kleines Areal Billionen mal mehr Energie zu transferieren, als mit irgendwelchen Strahlen möglich ist. So können durch eine haarfeine Leitung Tausende Pferdestärken geleitet werden, und nichts kann dem widerstehen.« Die Reaktionen in der Presse waren dementsprechend aufgeregt und kontrovers: Die einen sprachen von »Friedensstrahlen«, andere wiederum von »Todesstrahlen«. Tesla selbst hat das Geheimnis seiner »wall of power« mit ins Grab genommen, vielleicht auch deshalb, weil sich dafür keine Finanziers finden ließen. Und Ronald Reagan, dem die Idee wohl gefallen hätte, arbeitete damals noch als Rundfunkreporter in Des Moines, Iowa, und kommentierte Baseball-Spiele.

Wer war nun dieser visionäre Exzentriker, unbestritten einer der phantasievollsten und rätselhaftesten Erfinder des industriellen Zeitalters?

Nikola Tesla wurde Schlag Mitternacht vom 9. auf den 10. Juli 1856 im kroatischen Dorf Smiljan in der österreichisch-ungarischen Grenzprovinz Lika geboren. Seine Eltern gehörten der serbischen Minderheit an, Vater Milutin war orthodoxer Geistlicher und scharfsinniger Prediger. Die Mutter Djouka konnte zwar kaum lesen und schreiben, war aber eine überaus kluge Frau mit einem phänomenalen Gedächtnis. Tesla erwähnte in seinen Schriften immer wieder, er habe seine Erfinderphantasie und Begabung von ihr geerbt.

Schon als Schüler lernte er Englisch, Französisch, Deutsch und Italienisch, verschlang gierig die Bücher der väterlichen Bibliothek, löste mathematische Aufgaben in kürzester Zeit im Kopf und besaß eine geradezu übernatürliche Fähigkeit, Gedanken zu visualisieren und im Gedächtnis zu behalten. Tesla beschrieb dieses Phänomen als »eine seltsame Pein, welche durch die Erscheinung von Bildern hervorgerufen wurde, die häufig von grellen Lichtstrahlen begleitet waren. Wenn ein Wort ausgesprochen wurde, stand das Bild des beschriebenen Gegenstandes so lebendig vor meinen Augen, daß ich nicht sagen konnte, ob das, was ich sah, Wirklichkeit war oder nicht. Selbst wenn ich meine Hand ausstreckte und mit ihr darüberfuhr, pflegte das Bild immer weiter im Raum zu verharren.« Aus späteren Äußerungen geht hervor, daß Tesla glaubte, seine geistige Vorstellungskraft projiziere Bilder von seinem Gehirn auf die Netzhaut der Augen.

Als Gymnasiast erkrankte Tesla an Cholera. Monatelang rang der empfindsame Knabe mit dem Tod. Einmal, nach einem heftigen Fieberanfall, vertraute er dem besorgten Vater an, er würde sicher genesen, wenn er nicht, wie von den Eltern bestimmt, Priester werden müsse, sondern Technik studieren dürfe. Der Vater gab nach, Tesla überstand die Krankheit und übersiedelte 1875 nach Graz, um an der dortigen Technischen Hochschule Maschinenbau zu studieren.

Im zweiten Studienjahr wurde sich Tesla eines Problems bewußt, das ihn zur epochalen Entdeckung des rotierenden Magnetfeldes führen sollte. Sein Physiklehrer Professor Pöschl demonstrierte eine in Paris erworbene Gleichstrommaschine. Tesla war von ihrer Leistung zwar sehr beeindruckt, beanstandete aber das Auftreten von Funken an den Bürsten des Kollektors. Er meinte, bei Verwendung von Wechselstrom könne man ganz auf den Kollektor verzichten und den Wirkungsgrad erhöhen. Pöschl widersprach, widmete aber die nächste Vorlesung Teslas Einwänden, um mit methodischer

Gründlichkeit den Trugschluß von dessen Idee zu demonstrieren. Doch der Student, obwohl vorübergehend zum Schweigen gebracht, gab sich nicht geschlagen.

Die Lösung erschien ihm fünf Jahre später, im Februar 1882, in Budapest, wo Tesla als Konstrukteur im staatlichen Telegraphenamt arbeitete. Es war wohl die sonderbarste Inspiration, die ein Techniker jemals gehabt hatte. »Tief im Hintergrund meines Gehirns«, schrieb er in seinen autobiographischen Aufzeichnungen, »befand sich die Lösung, die aber klar zum Ausdruck zu bringen ich noch nicht imstande war. Eines Nachmittags, was mir noch immer lebhaft in Erinnerung ist, ging ich mit meinem Freund Szigeti im Stadtpark spazieren, wobei ich verschiedene Verse vortrug. Zu dieser Zeit konnte ich ganze Bücher auswendig vortragen. Eines von diesen war Goethes ›Faust‹. Die Sonne ging unter und erinnerte mich an die berühmte Stelle: ›Sie rückt und weicht, der Tag ist überlebt, / Dort eilt sie hin und fördert neues Leben. / Oh, daß kein Flügel mich vom Boden hebt. / Ihr nach und immer nach zu streben!‹ Als ich diese inspirierenden Worte sprach, kam die Idee wie ein Blitzlicht, und die lang gesuchte Wahrheit war im Moment entdeckt. Mit einem Stock zeichnete ich Diagramme in den Sand, die ich unverändert sechs Jahre später in einem Vortrag vor dem amerikanischen Institut der Elektroingenieure zeigte.«

Was er erdacht hatte, war nicht bloß ein neuer Motor, sondern ein völlig neues System, dessen Anwendung die technische Welt buchstäblich revolutionieren sollte: eine durch Wechselströme verschiedener Phasen hervorgerufene Drehung.

Auf Empfehlung seines Chefs und Freundes Puskas ging Tesla nach Paris, um bei der Continental Edison Company an der Verbesserung von Generatoren mitzuarbeiten. Mit Paris verband er aber auch die Hoffnung, Geldgeber für die Entwicklung seines Wechselstromsystems zu finden. Er erntete zwar großes Lob für seine Arbeit, mußte aber enttäuscht zur Kenntnis nehmen, daß seine Anstrengungen, Kapital aufzutreiben, vergeblich waren. Als der Manager des Edison-Werks, Charles Batchelor, ihn drängte, nach Amerika zu gehen, um Mängel auch an Edisons Maschinen zu beheben, beschloß Tesla, sein »Glück im Lande der goldenen Hoffnung« zu versuchen.

Im Juni 1884 kam Tesla in New York an und begann unverzüglich seine Arbeit in den Edison Machine Works.

Edison und Tesla waren gegensätzliche Charaktere, sowohl in ihrem Temperament als auch in ihrer Methode. Edison war mitteilsam, in der Arbeit mit anderen kooperativ und überaus geschäftstüchtig. Tesla hingegen war ein neurotischer Einzelgänger, der niemandem Einblick in seine Arbeit gewährte und keine rechte Beziehung zu Geld hatte. Es gab aber noch einen weiteren Unterschied, der die beiden Männer trennte: Edison hing dem Gleichstrom-, Tesla dem Wechselstromsystem an. Der Bruch war vorhersehbar und er kam ein Jahr später. Edison versprach Tesla für die Rekonstruktion von vierundzwanzig Dynamos eine hohe Prämie, die er ihm aber letztendlich mit den Worten »Tesla, Sie verstehen unseren amerikanischen Humor nicht!« vorenthielt.

In der Folge wurde Tesla von einer Gruppe von Geldgebern eingeladen, die Tesla Arc Light Company zu gründen. Er entwickelte eine Bogenlampe für Straßen- und Fabriksbeleuchtung, die ein geschäftlicher Erfolg wurde; Teslas Anteil allerdings bestand lediglich aus wertlosen Aktien, wie sich später herausstellte. Er hatte den Tiefpunkt seiner Karriere erreicht und war gezwungen, als Tagelöhner zu arbeiten. Durch die zufällige Bekanntschaft mit A. K. Brown von der Western Union Telegraph Company, dem Teslas Idee gefiel, nahmen seine tristen Lebensumstände eine unerwartete Wendung. Zusammen gründeten sie die Firma Tesla Electric Company, und im April 1887 wurden in der South Fifth Street 33–35 (jetzt West Broadway), unweit von Edisons Büro, ein Laboratorium und eine Werkstätte eröffnet. Damit begann die Entwicklung des Konkurrenzsystems.

Tesla brauchte keine langen Berechnungen anzustellen; dank seines fotografischen Gedächtnisses war jedes kleinste Detail in seinem Kopf vorhanden, und die danach gebauten Modelle funktionierten einwandfrei. 1888 wurde seine Erfindung der Drehstromtechnik mit allen dazugehörigen Generatoren, Elektromotoren und Transformatoren patentiert. Diese Patentflut ließ sowohl Wall Street als auch die akademische Fachwelt aufhorchen. So kam es am 16. Mai 1888 zum ersten öffentlichen Auftritt Teslas vor dem erlauchten und sachkundigen Publikum des American Institute of Electrical Engineers in New York, der ihn über Nacht berühmt machte. In seinem Vortrag erklärte Tesla, daß es sich um ein »neues System der elektrischen Kraftverteilung und Kraftübertragung mit Wechselstrom« handle, von dem er überzeugt sei, »daß sich viele bisher unerreichbare Resultate durch seinen Einsatz erzielen lassen; Resultate, die im praktischen Betrieb eines solchen Systems sehr erwünscht sind und mit Gleichstrom nicht verwirklicht werden können«. (Unter Wechselstrom versteht man einen Strom, dessen Richtung und Stärke sich periodisch ändern; die Vorteile gegenüber Gleichstrom sind, daß seine Spannung beliebig variiert und elektrische Energie über große Entfernungen ohne nennenswerte Verluste übertragen werden kann.)

Es war George Westinghouse, selbst ein Erfinder und wagemutiger Unternehmer aus Pittsburgh, der die enormen Möglichkeiten von Teslas Erfindungen sofort erkannte. Um eine stattliche Lizenzgebühr gingen alle Wechselstrompatente in den Besitz der Westinghouse Electric Company über. Tesla hatte nun für die nächsten Jahre Geld genug, um sein wahrscheinlich einziges Lebensziel zu verfolgen: die Entwicklung der »Elektrizität als Weltkraft«.

Edison soll von einer »Welle des Zornes« erfaßt worden sein, als er von der neuen Partnerschaft zwischen Tesla und Westinghouse erfuhr. Zu Recht befürchtete er, sein Gleichstromsystem würde ins Hintertreffen geraten. So heizte er den als Stromkrieg bezeichneten rücksichtslosen Wettbewerb mit einer häßlichen Kampagne an. Er ließ öffentlich Haustiere durch Schocks mit Wechselstrom töten und nannte die grausige Prozedur »being westinghoused«. Tesla war auch überzeugt, daß Edison hinter der Entscheidung der Gefängnisbehörde des Staates New York stand, am 6. August 1890 den Mörder William Kemmler erstmals mit Wechselstrom hinzurichten, nur um sein System in Verruf zu bringen.

Doch der Siegeszug des Wechselstroms ließ sich nicht aufhalten. Die 1893 in Chicago eröffnete Weltausstellung wurde durch ein Wechselstromsystem der Westinghouse Electrical Company beleuchtet. Eine Lichtsäule aus Tausenden Glühbirnen strahlte das Versprechen einer helleren Zukunft aus.

Dieser Triumph für Tesla und Westinghouse brachte aber noch eine andere unerwartete und weitreichende Entscheidung. Im Oktober wurde ein langjähriges Projekt zur Nutzbarmachung der Niagara-Fälle entschieden: Westinghouse bekam den Auftrag für das Kraftwerk, Edisons General Electric baute das Verteilernetz und die Überlandleitungen nach Buffalo. Der Stromkrieg wurde also mit einem Kompromiß beendet, tatsächlich war es aber die endgültige Niederlage Edisons und seines Gleichstromsystems.

Teslas Name und seine Errungenschaften waren beinahe ununterbrochen in den Schlagzeilen der Tageszeitungen und der Fachpresse. Der Prinz von Montenegro verlieh ihm den Adler-Orden, das American Institute of Electrical Engineers ehrte ihn mit der begehrten Elliot-Cresson-Medaille, und selbst Lord Kelvin, Professor für theoretische Physik an der Universität von Glasgow und bis vor kurzem noch ein lauter Gegner, erklärte lobend, der Erfinder habe »mehr zur Wissenschaft von der Elektrizität beigetragen als je ein Mensch zuvor«.

Tesla war nun reich, verstand es, sich elegant zu kleiden, sprach fließend Englisch und verbreitete um sich die Atmosphäre europäischer Kultur, die damals in Amerika in hohem Ansehen stand. Er wurde in Ward McAllisters elitären »Club 400« aufgenommen, im Waldorf-Astoria und im Delmonico, damals das eleganteste Restaurant der Stadt, hatte er einen Tisch, der immer für ihn reserviert war; wenn er die Metropolitan Opera besuchte, saß er in der Loge des William K. Vanderbilt, und seine Dinnerpartys waren Stadtgespräch. Oftmals pflegte er seine Gäste noch in sein Laboratorium einzuladen, und die Vorführungen, die er ihnen dort persönlich darbot, waren noch aufsehenerregender als seine Dinner. Er besaß Instinkt für das Dramatische. Die unheimlich wirkenden Apparate lieferten einen grotesken und bizarren Hintergrund für die phantastische Entfesselung überirdisch scheinender Kräfte, die mit unsichtbaren Fingern Gegenstände umherwirbelten und die Kugeln und Röhren in ungewohnten Farben zum Leuchten und Glühen brachten, als sei eine ferne Sonne plötzlich in den verdunkelten Raum gedrungen. Da krachten Feuer und stiegen Flammenbänder aus Riesenspulen auf, begleitet von Schwefeldämpfen, die durch die elektrischen Entladungen entstanden. Die Illusion wurde noch verstärkt, wenn Tesla Hunderttausende Volt durch seinen Körper hindurchfließen ließ und dabei eine Lampe zum Aufleuchten oder einen Draht, den er in den Händen hielt, zum Schmelzen brachte.

Nun wandte sich Tesla der Erforschung der drahtlosen Übertragung elektrischer Energie zu. Mitten in diesen Versuchen wurden im März 1895 sein Laboratorium, sein Büro und seine unschätzbare Bibliothek durch einen Brand vernichtet. Er baute mit Hilfe einiger Geldgeber alles neu auf und setzte seine Erprobungen mit zweijähriger Verspätung fort. Schon bald war es ihm möglich, Signale, die er von seinem neuen Labor in der Houston Street aussandte, auf einem vierzig Kilometer weit entfernten Boot, das den Hudson hinauffuhr, zu empfangen. Die erste öffentliche Vorführung der »drahtlosen Übertragung« fand im September 1898 im Madison Square Garden statt. In der Mitte der Arena hatte er einen großen Wasserbehälter aufstellen lassen; in diesem schwamm ein eisernes Boot mit einer Antenne am Dach, das er drahtlos fernsteuerte. Die Vorführung war eine Sensation und zog Besuchermassen an. Für Tesla war es »der erste Roboter aus dem Geschlecht der mechanischen Menschen, die die schwere Arbeit für die Menschheit leisten sollen«.

Nach seiner erfolgreichen Demonstration im Madison Square

Garden intensivierte er die Arbeit an seinem Radioprojekt. Weil sein Laboratorium in der dichtbesiedelten Stadt kein sicherer Platz mehr für weitere Experimente war, übersiedelte er nach Colorado Springs. Sein Freund John Jacob Astor, Besitzer des Waldorf-Astoria, die Kurzwarenhersteller Crawford und Simpson sowie sein Patentanwalt Leonard Curtis machten das Unternehmen möglich. Hier in der wilden Bergwelt Colorados wollte Tesla vor allem zwei Ziele erreichen: ein weltweites drahtloses Radiosystem zu entwickeln und herauszufinden, wie man Energie in großen Mengen und mit geringen Kosten drahtlos in die entlegensten Teile der Erde senden könne.

Im Jänner 1900 kehrte Tesla nach New York zurück, wo ihn sein engster Freund, der Mitherausgeber des Magazins *Century*, Robert Underwood Johnson, überredete, einen Artikel über Energiequellen und die Technologie der Zukunft zu schreiben. Der Beitrag erschien im Juni unter dem Titel »The Problem of Increasing Human Energy« und war, wie so oft, wenn Tesla über seine Arbeit schrieb, mehr eine philosophische Abhandlung als ein sachlicher Bericht und erregte große Aufmerksamkeit. Seine grundsätzliche Aussage bestand darin, daß ein System elektrischer Energie nur auf erneuerbaren Ressourcen basieren könne, daß die Verbrennung fossiler Brennstoffe schlicht »barbarisch« und der größte zivilisatorische Fortschritt die Nutzung der Sonnenenergie sei. Einmal mehr war man von Teslas kühnen Visionen beeindruckt.

Nun plante er eine Sendestation auf Long Island zu errichten, weit größer als jene in Colorado, um die praktische Anwendung seines weltweiten Systems der Übertragung von »Energie und Intelligenz« zu demonstrieren. Das einzige Problem bei dem »Wardenclyffe« genannten Projekt war, wie so oft, das Geld.

Der Bankier J. Pierpont Morgan, der die Edison-Gruppe finanzierte, ließ sich von der Monopolstellung der ersten »Weltstation«, die Tesla überzeugend versprach, beeindrucken und stieg in das Projekt ein. Es war aber von Anfang an klar, daß seine Investition nicht ausreichen würde, um Wardenclyffe wie geplant zu vollenden. Tesla begann trotzdem mit dem Bau.

Im Dezember 1901 verkündete die Weltpresse aufgeregt, Guglielmo Marconi, ein in England lebender italienischer Funktechniker, habe drahtlos das Morsezeichen »S« über den Atlantik gefunkt. Marconi hatte längst die Bedeutung von Teslas fundamentalen Radiopatenten erkannt und sie einfach unter seinem Namen in England nochmals patentieren lassen. Ruhm und Kapital waren auf Marconis Seite; Morgan, durch die Ereignisse unsicher geworden, verlor das Interesse an Teslas Weltfunksystem und stellte jede weitere Unterstützung ein. Zurück blieben ein Backsteingebäude und ein halbfertiger Turm, der im Juli 1917 gesprengt und als Alteisen verkauft wurde.

Erst acht Monate nach Teslas Tod wurde der Patentstreit zwischen ihm und Marconi vom U.S. Supreme Court entschieden: Tesla und nicht Marconi wurde als der wahre Vater des Radios anerkannt.

Der Zusammenbruch des Wardenclyffe-Projekts bedeutete zwar nicht das Ende für Teslas Forschertätigkeit, doch litt er den Rest seines Lebens an chronischer Geldknappheit und unter der peinigenden Sorge, lächerlich zu wirken, weil er von Erfindungen sprach, die er nicht finanzieren konnte. Teslas Glaube an die Möglichkeit außerirdischen Lebens, seine Vision, die Welt mit kostenloser Energie zu versorgen, sie durch Elektrizität zu vereinen und zu demokratisieren, sowie sein exzentrischer, oft skurril anmutender Lebensstil irritierten nicht nur die Magnaten, sondern ließen ihn auch zum Ziel von Spöttereien werden. In einem Brief an den Bankier Morgan schrieb er einmal: »Wir sind nur Räder im Getriebe des Universums, und es ist eine unvermeidliche Konsequenz der herrschenden Gesetze, daß der Pionier, der seiner Zeit weit voraus ist, Leid und Enttäuschungen erleiden und mit dem größeren Lohn, der ihm von der Nachwelt zuteil wird, zufrieden sein muß.«

Am frühen Morgen des 8. Jänner 1943 fand das Stubenmädchen Tesla in seinem Zimmer im Hotel *New Yorker* – seiner letzten Zufluchtsstätte – tot im Bett auf. Nikola Tesla, »The Poet of Science«, wie er einmal genannt wurde, war sechsundachtzigjährig einsam gestorben. Die Welt, in einen schrecklichen Krieg verwickelt, vergaß das verschwenderische Genie sehr rasch.

PETER ALTENBERG

Fledermaus

Um jedem Irrtum vorzubeugen: Ich möchte dem werten Schriftsteller und Bohemien Altenberg keineswegs zu nahe treten und ihn als Narren bezeichnen. Dieses Buch handelt, wie gesagt, von Menschen, die der Wirklichkeit auf ihre ganz eigene Art begegnet sind. Auf Peter Altenberg trifft diese Charakteristik gewiß zu, aber es ist allein ein so amüsanter wie kurioser Einfall, der ihn Eingang in diese Sammlung finden ließ. Doch davon später.

Richard Engländer kam am 9. März 1859 als Kind einer wohlhabenden jüdischen Kaufmannsfamilie in Wien zur Welt. Er und seine vier Geschwister wurden, wie in großbürgerlichen Familien damals üblich, von Gouvernanten erzogen und von Hauslehrern unterrichtet. Er besuchte das Akademische Gymnasium sowie das Theresianum, wo er maturierte. Im Alter von vierundzwanzig Jahren kam es zwischen ihm und seiner von ihm vergötterten Mutter zu einem tiefen und, wie sich zeigte, unheilbaren Bruch. Anlaß war, daß er, nachdem er bereits ein Jus- und Medizinstudium und danach eine Buchhändlerlehre in Stuttgart abgebrochen hatte, zu der Einsicht gekommen war, er sei unfähig, einen Beruf auszuüben. Darüber war seine Mutter maßlos enttäuscht. Ausschlaggebend für Richards Entscheidung war ein ärztliches Attest des Psychiaters Ludwig Schlager, in welchem von einer Überempfindlichkeit seines Nervensystems die Rede war. Ein unstetes Leben begann. Sechzehn Jahre lang zog der junge Engländer, der sich später nach seinem Lieblingsort an der Donau Altenberg nannte und seinen Vornamen von einer »Peter« genannten Jugendfreundin bezog, fortwährend um, bis er 1902 im Stundenhotel *London*, einem schäbigen Etablissement in der Wallnerstraße, und später im Zimmer 33 des *Graben-Hotels* in der Dorotheergasse dauerhaftere Bleiben fand. Am 8. Jänner 1919 starb er an den Folgen einer Lungenentzündung im Allgemeinen Krankenhaus in Wien-Alsergrund. Auf ein Porträtfoto, aufgenommen von Franz Xaver Setzer, schrieb er ein Jahr vor seinem Tod: »Motto meines ganzen unglückseligen, in jeder Beziehung allzu belasteten tragischen Dasein's: Bleibe trotzdem Der, der Du bist!«

»Peter Altenberg galt bereits zu seiner Zeit als der Inbegriff des Stadtliteraten«, schreibt W. G. Sebald in seinen Essays zur österreichischen Literatur, »aus Wien so wenig wegzudenken wie der Graben, auf dem er vazierte, oder das Café Central, wo er ansässig war. Den Hintergrund aber und die Inspiration seiner literarischen Musterkollektionen bildete weniger die kaiserliche Metropole als die ländlichen Gegenden, in denen er die einmal endlos scheinenden und dann doch zu Ende gegangenen Ferialmonate seiner Kindheit und Jugend verbracht hatte. Diese Gegenden werden in den Prosastücken des mit sechsunddreißig Jahren erst ins schriftstellerische Leben eintretenden und im bürgerlichen Sinn eigentlich schon gescheiterten Richard Engländer immer wieder heraufgerufen und bilden eine Art idealisches Österreich, zu dem nicht viel mehr gehört als der Traunsee und Gmunden, Bad Vöslau, der Semmering und das Donauufer oberhalb von Wien bei Altenberg, dem Ort eben, dem Engländer durch seine Umwandlung in den gleichnamigen Autor auf ewig die Treue zu halten verspricht.«

Depressionen und Nervenkrisen, chronische Schlaflosigkeit, exzessiver Alkohol- und Tablettenkonsum (besonders sein »heiliges« Schlafmittel Paraldehyd) ruinierten langsam, aber sicher Altenbergs Physis. In seinem Noktambulismus identifizierte er sich gern mit

der Fledermaus, die er, im Gegensatz zu jenen Menschen, die von den insektenfressenden Nachtschwärmern nichts verstehen, für ein außerordentlich nützliches Tier hielt. In seiner Geschichte »Die Gelsen« (in »Mein Lebensabend«) kommt der am Anfang erwähnte Einfall zur Sprache:

»In dem schrecklichen, nur historischen, also unlebendigen Venedig, am grausandigen, unromantischen ›Lido‹, einem ekligen ›Vergnügungsetablissement‹ der Müßiggänger und Partieenjägerinnen und koketten Verheirateten, nannte man sie liebvoll ›Sansaras‹, schützte sich vor ihnen schweigend durch Räucherkerzchen, die an Weihrauch erinnerten. Aber bei uns, im blühenden Österreich, nennt man sie verächtlich ›Gelsen‹, Blutsaugerinnen, läßt sich durch sie die Donau-Auen ›mies‹ machen! Pfui! Gründet lieber, statt zu schimpfen, in Klosterneuburg eine Fledermaus-Zuchtanstalt! In hohen luftigen Hangars an schmalen wagrechten [sic!] Stangen sollen bei Tag eine Million Fledermäuse schlafend hängen, um bei Nacht eine jede 200 Mücken, also 200 Millionen Mücken zu vertilgen! Abgesehen davon könnte man an die Obstzüchter und Bauerngärten von ganz Österreich die Fledermäuse verkaufen und so den Ertrag des Bodens zu Milliarden steigern! Die Fledermaus ist ein liebes, süßes, mysteriöses, stilles, anspruchsloses Tierchen, bei Tag, wenn wir arbeiten (ich nicht!), schläft sie, und bei Nacht fängt sie uns die schrecklichen Gelsen weg und ernährt sich von selbst! Sie arbeitet für die ganze Menschheit bei Nacht, wie die Dichter, wenn sie zufällig ›Inspiration‹ haben! Nachts, wenn alles still ist, beginnt die Arbeit. Die Fledermäuse leisten oft viel verdienstlichere!«

FLORENCE FOSTER JENKINS

Mörderin des hohen C

Als der Musikkritiker Guido Fischer aus Krefeld einmal gefragt wurde, was er seinen Feinden wünsche, antwortete er: Eine Stunde mit einem Endlosband von Florence Foster Jenkins in der Partie der Königin der Nacht aus Mozarts »Zauberflöte«. Neu herausgegebene CDs von in den dreißiger und vierziger Jahren auf Schallplatten aufgenommenen Arien der amerikanischen Sopranistin haben Titel, die ganz offensichtlich auf die schrägen Darbietungen hinweisen sollen: »The Glory (????) of the Human Voice« oder »Murder on the High C«. Letztere wird vom Label Naxos Nostalgia als »The COMPLETE recordings of the Dire Diva«, der gräßlichen Diva, beworben. Andrew Clarke schrieb dazu im Londoner *Independent*: »Auf urkomische Weise ahnungslos über alle musikalischen Gesetze, bezaubernd unfähig, eine Note zu treffen, geschweige denn zu halten, hat sie bloß neun Lieder aufgenommen. Unbezahlbar.«

Florence Foster Jenkins war zweifellos eine Kuriosität in der Welt des Gesangs, verspottet als »die First Lady der Gleitskala«, die »Klamauk-Diva«, die »Kitsch-Queen«. Ihr Vortrag war der unglaubliche Höhepunkt einer bizarren Karriere, ihr Mangel an künstlerischem Talent geradezu ehrfurchtgebietend. Ihre Stimme war nicht einmal mittelmäßig, sie war grotesk; sie gluckste und kreischte, trompetete und trillerte. (»Sie klingt wie ein besoffener Kuckuck«, so ein verstörter Musikliebhaber.) Wie ihre Schallplatten beweisen, hatte die pummelige Koloratursängerin einen ziemlich geringen Stimmumfang, wenig Gefühl für Rhythmus und war kaum fähig, einen Ton länger zu halten. Ihrem geplagten Begleiter am Klavier, Cosmé McMoon (der eigentlich Edwin McArthur hieß und ein renommierter Pianist war), fiel es, wie man weiß, schwer, ihre Temposchwankungen und rhythmischen Fehler auszugleichen. Trotz ihrer grandios-lächerlichen Selbstüberschätzung genoß sie enorme Popularität; ihr Publikum liebte sie offenbar mehr wegen des Amüsements, das sie bot, als wegen ihrer musikalischen Fähigkeiten. Daß die Zuhörer Tränen lachten, sich Taschentücher in den Mund stopften, um sich ihre Heiterkeit zu verbeißen, schien ihr nichts anzuhaben, sie sang ihren Part zu Ende und verbeugte sich artig. Madame Jenkins war von ihrer Großartigkeit fest überzeugt, verglich sie sich doch mit berühmten Sopranistinnen ihrer Zeit, mit Frieda Hempel und Luisa Tetrazzini; ihren Kritikern begegnete sie mit den Worten: »Man mag ja sagen, daß ich nicht singen kann, aber wenigstens kann keiner sagen, ich hätte nicht gesungen.«

Das Repertoire der Diva bestand aus einer Mischung von Opernarien, beispielsweise von Mozart, Verdi oder Richard Strauss, Liedern von Brahms und Joaquin Valverde sowie Eigenkompositionen von ihr und ihrem Pianisten. Auffallend war auch ihre extravagante Kostümierung, die sie selbst entwarf und die sie während eines Konzerts, je nachdem was sie vortrug, wechselte; manchmal erschien sie in einem bodenlangen Kleid aus Lamé auf der Bühne, dann wieder in einer Kreation aus Seide, Glitzerschmuck und Tüll, mit gefiederten langen Flügeln, einer Schwalbe ähnlich, oder sie wedelte verträumt mit einem Fächer aus Sandelholz; sang sie ihr Lieblingslied »Clavelitos« (von Valverde), trug sie eine spanische Mantilla und wie Carmen eine rote Blume im Haar. Die rhythmischen Kadenzen des Liedes betonte sie, indem sie kleine rote Blumen aus einem hübschen Korb ins Publikum warf. Es hieß, dabei sei ihr einmal bei einer halsbrecherischen Koloratur der Korb aus der Hand geglitten und samt Blümchen in die Zuhörerschaft geflogen. Glaubt man

einer anderen Anekdote, so bekannte sie, nach einem Autounfall durch den Schock, den sie erlitten hatte, ein höheres F als je zuvor singen zu können. Als Dank soll sie dem schuldigen Lenker eine Kiste mit erlesenen Zigarren geschickt haben.

Florence Foster wurde 1868 in Wilkes-Barre, Luzerne County, im Nordosten von Pennsylvania geboren. Ihr Vater war ein wohlhabender Bankier und Anwalt; wie es in gutbürgerlichen Familien üblich war, erhielt Florence als junges Mädchen Klavierunterricht. Mit siebzehn äußerte sie den Wunsch, ihren Heimatort verlassen und Gesang studieren zu dürfen, was ihr Vater entsetzt ablehnte. Konservativ und steif, vertrat er die Auffassung, eine Frau gehöre ins Haus, umgeben von Bediensteten, stickend und für Kinder sorgend, und er weigerte sich, ihre künstlerischen Ambitionen finanziell zu unterstützen. Daraufhin brannte sie mit einem jungen Mediziner namens Frank Thornton Jenkins nach Philadelphia durch, wo die beiden später auch heirateten. Es war, wie sich herausstellte, eine unglückliche Ehe, die 1902 geschieden wurde. Abgeschnitten vom Geld ihres unnachgiebigen Vaters, fristete Florence mehr schlecht als recht als Lehrerin und Pianistin ihre Existenz. 1909 starb der Vater, anscheinend mit seiner Tochter versöhnt, denn er hinterließ ihr ein beachtliches Vermögen, womit sie sich ihren Traum, Sängerin zu werden, erfüllen konnte.

1912 gab sie in Philadelphia ihren ersten Liederabend, den sie selbst finanzierte. Es folgten Auftritte in Newport, Washington, Boston und Saratoga Springs. Und sie gründete und finanzierte den »Verdi-Club«, einen Wohltätigkeitsverein für Frauen, die für junge Künstler und Musiker Geld sammelten. Als ihre Auftritte und Aktivitäten schließlich die Aufmerksamkeit einer Handvoll erstaunter Kritiker erregten, entschied sie, daß die Zeit gekommen sei, nach New York zu übersiedeln. Und hier wurde ihr eifriges Bemühen belohnt – sie wurde berühmt. Zweimal im Jahr gab sie im »Sherry's« an der Park Avenue ein Konzert, einmal jährlich im blumengeschmückten Ballsaal des luxuriösen Ritz-Carlton-Hotels, wo nur ein erlesener Kreis von Freunden, Bewunderern, Kollegen und Kritikern eingeladen war. Diese Auftritte wurden, wie eine Zeitung behauptete, »mit mehr als der üblichen Begeisterung erwartet«. Das Vertrauen in ihre Bestimmung als Diva war so unerschütterlich, daß ihr Gehör die falschen Töne zu ignorieren schien. »Wenn es ums Singen ging«, erklärte einmal ihr Begleiter McMoon, »vergaß sie alles. Nichts konnte sie aufhalten. Sie hielt sich für eine große Künstlerin.«

Den absoluten Gipfel ihrer unnachahmlichen Laufbahn erreichte sie am 25. Oktober 1944. Jenkins, immerhin schon sechsundsiebzig Jahre alt, faßte sich ein Herz und mietete die berühmte Carnegie Hall für einen Arienabend. Wochen vor ihrem Auftritt war die Konzerthalle mit ihren zweitausendachthundert Sitzplätzen ausverkauft, der Schwarzmarkt florierte, und zweitausend enttäuschte Menschen gingen leer aus. Die Diva, kostümiert als »Angel of Inspiration«, also mit Flügeln, sang, wie immer, auf unverwechselbare Weise falsch, und das animierte Publikum dankte es ihr mit Heiterkeitsausbrüchen und Beifallsstürmen. »Sie war überaus glücklich bei ihrem Tun«, bemerkte Robert Bager im *New York World-Telegram* am nächsten Tag. »Schade, daß das auf so wenige Künstler zutrifft. Und ihre Seligkeit übertrug sich wie durch Zauberei auf die Zuhörer, die durch den unnachahmlichen Gesang zu vernehmlichen Jubelrufen, selbst zu fröhlichem Lachen und Entzücken hingerissen wurden.«

Nur einen Monat nach ihrem triumphalen Auftritt in der Carnegie Hall verstummte die Stimme von Florence Foster Jenkins für immer. Sie starb am 26. November 1944. In ihrem Testament sprach sie den Wunsch aus, daß ihre Stimmbänder, wie jene von Enrico Caruso, der Nachwelt erhalten bleiben und in ihrem Geburtsort Wilkes-Barre aufbewahrt werden sollten.

Randbemerkung IV

Trottel, der – Mensch; herrscht im Bereich intellektueller Spekulation und findet Verbreitung durch die Kanäle moralischen Handelns. Er ist allweise, allgestaltig, allkundig, allwissend, allmächtig. Er war es, der Buchstaben, Druck, die Eisenbahn, den Dampfer, Telegraphie, die Platitüde und den Zirkel der Wissenschaften erfand. Er schuf den Patriotismus und lehrte die Völker den Krieg; er begründete Theologie, Philosophie, Recht, Medizin und Chicago. Er errichtete die monarchische und die republikanische Regierung. Er währet immerdar und -fort, und wie er in der Morgenröte der Schöpfung trottelte, so auch jetzt. Am Morgen der Zeit sang er auf primitiven Hügeln, und am Mittag des Seins schritt er der Prozession des Lebens voran. Seine großmütterliche Hand hat die untergegangene Sonne der Zivilisation warm eingemummelt, und im Zwielicht bereitet er des Menschen Abendmahl aus Milch-und-Moral zu und hebt das universale Grab aus. Und wenn wir anderen alle uns zur Nacht der ewigen Vergessenheit zurückgezogen haben, wird er wachen und eine Geschichte der menschlichen Kultur verfassen.

Ambrose Bierce, »Des Teufels Wörterbuch«, Zürich 1986

IGNAZ TREBITSCH-LINCOLN,

der größte Abenteurer des 20. Jahrhunderts

Am 6. Oktober 1943 verschied in einem Schanghaier Krankenhaus ein buddhistischer Mönch namens Chao Kung an einem Krebsleiden. Ein Todesfall, der in Europa zweifellos unbemerkt geblieben wäre, hätte nicht eine japanische Presseagentur als erste die wahre Identität des Bettelmönchs enthüllt. Hinter Chao Kung, was übersetzt »das sich verbreitende Licht« heißen soll, verbarg sich Ignaz Trebitsch-Lincoln, ein Mann, der in seinen Lebenserinnerungen (1931 in Wien erschienen) von sich behauptete, der größte Abenteurer des 20. Jahrhunderts zu sein (wobei er der gewagten Selbstdarstellung sowohl ein Ruf- als auch ein Fragezeichen hinzufügte). Die Stationen, Maskeraden und Unternehmungen dieses scharfsinnigen, von einem maßlosen Geltungsbedürfnis getriebenen Draufgängers sind ebenso zahlreich wie kurios. Ruhe- und hemmungslos zog er kreuz und quer durch die Welt, immer darauf bedacht, aufzufallen.

Ignaz Trebitsch stammte aus Ungarn, wo er am 4. April 1879 in Paks, einem Dorf an der Donau, zur Welt kam. Seine Eltern Nathan und Julia Trebitsch waren fromme Juden und handelten mit Getreide. Im orthodoxen Geist erzogen, wandte sich Trebitsch mit achtzehn zum Entsetzen seiner Familie vom jüdischen Glauben (der ihm »entsetzlich verstaubt« vorkam) ab und konvertierte zum Protestantismus. Er verließ Ungarn und reiste nach Hamburg, wo er im Missionshaus der irischen Presbyterianer Aufnahme fand. Dort nahm ihn Pastor Arnold Frank unter seine Fittiche und erteilte ihm theologischen Unterricht. Ein Jahr später, zu Weihnachten 1899, wurde er in der Jerusalemkapelle von Pastor Frank auf den Namen Ignatius Timotheus getauft. In Hamburg lernte er auch die um zwei Jahre ältere Margarethe Kahlor, Tochter eines pensionierten Schiffskapitäns, kennen, die er später im kanadischen Montreal heiratete. Nach Montreal kam Trebitsch über Pastor Frank, der ihn der dortigen presbyterianischen Mission empfahl. Als Mitarbeiter von Reverend McCarter widmete sich Trebitsch nun mit Eifer dem Missionieren jüdischer Mitbürger; und er entdeckte an sich ein außergewöhnliches Talent: als Redner vor Publikum in mehreren Sprachen – Deutsch, Ungarisch, Jiddisch und Englisch.

1903 übersiedelte Trebitsch mit seiner Frau, die er im Juli 1901 geheiratet hatte, nach England, wo er zum Kuraten in der Pfarrgemeinde Appledore, Grafschaft Kent, bestellt wurde. Aber bald hatte er das »allzu bescheidene, allzu demütige Leben« auf dem Land satt. Kurz entschlossen kehrte er der Kirche den Rücken, verließ Appledore und mietete ein Haus in Hampton-on-Thames, einem Vorort am südöstlichen Rand von London. Um, wie er meinte, seine »Aspirationen« nicht zu gefährden, änderte der ehemalige Pastor seinen in England kaum aussprechbaren Namen auf Tribich-Lincoln.

Auf der Suche nach einem einträglichen Job machte I. T. T. Lincoln, wie er sich fortan gerne nannte, die Bekanntschaft von Benjamin Seebohm Rowntree, einem wohlhabenden Kakao- und Süßwarenhersteller aus York, der von seiner Wortgewandtheit und seinen Sprachkenntnissen beeindruckt war und ihn als Privatsekretär anstellte. Trebitsch wurde englischer Staatsbürger; mit Rowntrees Einfluß und Hilfe kandidierte er für die Liberale Partei im Londoner Stadtteil Darlington. Nach einer turbulenten Kampagne, in der ihn seine konservativen Widersacher als »verdammten Ausländer« beschimpften und bei Wahlversammlungen mit faulen Eiern bewarfen, gewann er im Jänner 1910 unerwartet die Wahl und zog als Abgeordneter in das Unterhaus ein. Durch seine kritischen Bemer-

kungen zur englischen Außenpolitik schuf Trebitsch-Lincoln sich jedoch viele Feinde, und als im Herbst wieder Neuwahlen anstanden, war ihm die Lust vergangen, nochmals anzutreten.

In Galizien und Rumänien boomte das Ölgeschäft, und Trebitsch nahm die Chance auf schnellen Reichtum wahr. Mit dem geliehenen Geld seines Gönners Rowntree spekulierte er zunächst in Lemberg, dann in Bukarest; er gründete Gesellschaften, bestach Behörden, erwarb »bei Sekt und Kaviar« Bohrlizenzen und lebte in Saus und Braus. Doch als der Erste Weltkrieg ausbrach, war er pleite.

Wieder in England, verfiel Trebitsch auf die Idee, sich als Spion wichtig zu machen. Der britischen Admiralität diente er sich mit dem kühnen Plan an, als Doppelagent die deutsche Nordseeflotte im Handumdrehen auszuschalten. Die Navy lehnte ab. Als Trebitsch selbst unter Verdacht geriet, für Deutschland zu spionieren, ergriff er die Flucht in die USA. 1916 veröffentlichte er in New York eine Schrift mit dem Titel »Revelations of an International Spy«, in der er sich als internationaler Spion und Verräter Englands ausgab. Auf Verlangen Englands ausgeliefert und abgeurteilt, verbüßte Trebitsch eine dreijährige Haftstrafe zuerst im Parkhurst Prison auf der Isle of Wight, dann im Londoner Gefängnis Pentonville. Gleich nach seiner Entlassung im Sommer 1919 wurde er vom Hafen Harwich aus in Begleitung von zwei Scotland-Yard-Beamten auf dem Dampfer *Lutterworth* nach Rotterdam deportiert.

Staatenlos, von Frau und Kindern getrennt, tauchte er kurz darauf in Berlin auf, wo er sich bald rechtsradikalen Politikern und Militärs anschloß und sich im März 1920 am mißlungenen Kapp-Lüttwitz-Putsch gegen die Reichsregierung beteiligte (als einer der vier Hauptakteure, wie er später – maßlos übertreibend – behauptete).

»Nun hatte ich aber genug von Europa«, ließ Trebitsch die Leser seiner »frisierten« Lebensbeichte wissen. »Nun sollte mich nichts mehr davon abhalten, meine Pläne in China in Angriff zu nehmen.« Prahlsüchtig verriet er, er wolle (als Rache an England) China, das damals von Bürgerkriegen erschüttert wurde, »wirtschaftlich und politisch organisieren und zu einer Militär- und Flottenmacht ersten Ranges ausbauen«. Zunächst beriet Trebitsch einen der rivalisierenden Provinz-Generäle, dann beschaffte er für einen anderen Warlord unter falschem Namen Geld und Waffen in Europa. Nach etlichen Irrfahrten, die ihn auch nach Nizza und Monte Carlo führten, wo er sein ganzes Geld verspielte, landete Trebitsch schließlich erschöpft und mittellos in einem buddhistischen Kloster auf Ceylon. Ein Jahr wollte er ausruhen, doch schon nach zwei Monaten (»ohne Alkohol und Fleisch«) suchte er das Weite.

In den nun folgenden Jahren ging es mit dem gerissenen Abenteurer mehr und mehr bergab. In einem Brief klagte Trebitsch, Schicksalsschläge erlitten und seine Widerstandskraft und Ausdauer eingebüßt zu haben. Faktum war: Die Polizei der meisten europäischen Länder fahndete nach ihm; verschiedene Zeitungen unterstellten ihm Schurkereien, die er nie begangen hatte (etwa die Ermordung des italienischen Sozialisten Giacomo Matteotti); einer seiner Söhne, ein britischer Soldat, wurde wegen Mordes zum Tode verurteilt und hingerichtet; seine der tristen Ehejahre überdrüssige Frau wandte sich endgültig von ihm ab; sein ehrgeiziges Vorhaben, den Buddhismus in Europa zu verbreiten, schlug fehl.

Aber die Angst, der Bedeutungslosigkeit anheimzufallen, verlieh Trebitsch erneut Flügel. Mit einem »Allgemeinen Friedensappell« wandte er sich kurz vor Ausbruch des Zweiten Weltkriegs an alle Völker. 1940 wollte er Präsident Roosevelt treffen, ein Jahr später Adolf Hitler. Die Endstation seines Lebens war Schanghai, seine letzte Rolle Chao Kung, ein buddhistischer Mönch.

LUDWIG CHRISTIAN HAEUSSER

Inflationsheiliger

Deutschland lag darnieder. Die Folgen des verlorenen Ersten Weltkriegs, die Revolutionsereignisse, der Übergang vom wilhelminischen Kaiserreich zur Weimarer Republik, ihre Geburtswehen und die verheerenden Inflationsjahre führten zu Enttäuschung, Massenarbeitslosigkeit, bitterer Armut und dumpfem Groll. Vor allem das Proletariat und Kleinbürger, aber auch Intellektuelle verloren ihren sozialen und seelischen Halt und hielten verzweifelt Ausschau nach einem Erlöser. In dieser Situation traten die sogenannten Inflationsheiligen auf den Plan, selbsternannte Heilsbringer, die mit wirren und verblasenen Ideen versuchten, eine neue politisch-religiöse Ordnung zu stiften, mit dem Ziel einer völligen Erneuerung des Menschen von innen her.

Ludwig Christian Haeusser, der sich »Wahrheitsmensch« nannte, war einer dieser Inflationsheiligen. Wie kein anderer der zahllosen Propheten der Krise verstand er es, seine Zeitgenossen zu faszinieren. Ein willensstarker Mensch, der sich rücksichtslos durchzusetzen verstand, »einer, der mit einer heftigen Leidenschaft das Gehäuse zersprengte, in dem die normalen Menschen ihr Dasein zubringen«, bemerkte Leonhard Stark, ein anderer Inflationsheiliger. Haeusser gab sich nach seinen literarischen Vorbildern gern Doppelnamen, wie »Zarathustra-Haeusser, Laotse-Haeusser, Christus-Haeusser, Anti-Christ-Haeusser, Napoleon-Haeusser, Dionysos-Haeusser«; und seine inbrünstigen Jünger nannten sich »Narren in Christo«, in Anlehnung an Gerhart Hauptmanns Romanfigur

Emanuel Quint, einen naiven Schwarmgeist, der vom Gefühl seiner göttlichen Sendung berauscht ist.

Was dem messianischen Erlöser vorschwebte, stand in seiner nach ihm selbst benannten Zeitung *Haeusser* (Nr. 152): »Der Zukunftsstaat: Ein religiöser STAAT – ein GOTTES-STAAT unter der Herrschaft eines Priesterkönigs – Diktatur des Welt-Königs – Ermordung aller DERJENIGEN, die sich Meiner Herrschaft nicht fügen!«

Der »Weltchristus« erblickte am 6. November 1881 in Bönnigheim, einer Kleinstadt in Baden-Württemberg, das Licht der Welt. Sein Vater, Adam Friedrich Haeusser, war ein jähzorniger Weinbauer und liebloser »Gewaltmensch«, der seinen Sohn fürchterlich malträtierte. Er zwang ihn, noch vor Schulbeginn und danach bis Mitternacht in der Landwirtschaft zu schuften, prügelte ihn, den Bettnässer und Nägelkauer, bei jeder Kleinigkeit und sperrte ihn zur Strafe nächtelang in den finsteren Schweinestall. Sein Leben lang, klagte Haeusser, müsse er sich daran erinnern, welche Wunden der Vater in sein Herz geschlagen habe, »die niemals vernarben können«. An seinen Sohn schrieb er kurz vor seinem Tod: »Mein Vater hatte den blinden Wahn, mir durch viehische Behandlung und so brutales Schlagen, daß ich oft wochenlang nicht zur Schule konnte, die Freude am Lernen, Denken, Schule, ›Sinnieren‹, wie er's nannte, zu vertreiben. ›Schulnarr‹ und ›Student‹ waren die ihm geläufigsten Schimpfnamen, mit denen er mich blutig schlug, weil ich für Schule und Studieren mehr übrig hatte als für Vieh und Feld.« Aber trotz aller Prügel und Demütigungen konnte der Vater Haeussers Drang nach Wissen nicht bändigen. »Der Wille«, schrieb er weiter, »siegte und besiegte auch Meinen Vater, der Mich am Abend Meines Konfirmandentages: 31.3.1895, mit der Ankündigung überraschte, er wolle Mich, auf dringendes Anraten Meines Lehrers Koppenhöfer, studieren lassen!!!«

Aber statt auf eine höhere Schule zu gehen, mußte er in einer Stuttgarter Trikotagenfabrik eine Kaufmannslehre beginnen. Der strengen Zucht seines Vaters war er freilich entkommen. Er büffelte nebenbei Fremdsprachen, besuchte nach der Lehrzeit kurz eine Handelsschule und trat dann in ein Unternehmen in Ostheim bei Stuttgart ein. Mit siebzehn kündigte er seiner Firma, hob seine Ersparnisse von der Sparkasse ab und übersiedelte ohne väterlichen Segen nach London. Seine nächste Station war Paris, wo er rechtzeitig zur Weltausstellung ankam. In Paris wurde er ein erfolgreicher Geschäftsmann, allerdings mit nicht ganz sauberen Methoden: Er hielt gemeinsam mit anderen Schwindlern »wilde«, also von Industrie und Handel nicht unterstützte Ausstellungen ab und verkaufte Qualitätsdiplome und -medaillen (sogar nach Rußland), was ihm eine gerichtliche Verfolgung eintrug.

1905 heiratete er Gabrielle Marguerite Grange aus Bordeaux, die, wie er behauptete, von König Henri IV. abstamme und mit dem belgischen Königshaus verwandt sei. Vier Jahre später kam der Sohn Louis Gabriel Robert zur Welt. Das Paar lebte, auch dank der generösen Mitgift, auf großem Fuß. Doch dann begann der Diplomhandel zu stagnieren, und Haeusser geriet in große finanzielle Schwierigkeiten. Aber der muntere Geschäftsmann verlor nicht den Mut: »Haeusser ist Napoleon, Haeusser stirbt, aber er ergibt sich nicht«; also gründete er die Sekt-AG Louis Haeusser & Cie, natürlich ohne eigenes Geld und auf betrügerische Weise, indem er durch formellen Rückkauf der nie ausgegebenen Aktien alleiniger Inhaber der Firma wurde. Ein anderes Geschäft wickelte er von seiner Luzerner Filiale aus ab. Als »Sportunion« getarnt, war er als Buchmacher tätig und vermittelte Wetten bei Pferderennen. Deshalb erließ Deutschland einen Haftbefehl gegen ihn wegen gewerbsmäßigen Betriebs von Wettgeschäften, der aber ohne Folgen blieb, weil ihn die Schweiz, wo er sich seit 1913 aufhielt, nicht auslieferte. So konnte

Haeusser seinen aufwendigen Lebensstil bis in die ersten Kriegsjahre aufrechterhalten.

Im Gegensatz zu Haeussers Geschäftemacherei steht sein primitiver Spiritualismus, der gewiß auf seine Kindheit zurückgeht. Sein aufgestauter Haß, seine Wut auf den Vater, seine inneren Spannungen fanden ein Ventil: Drei Selbstmordversuche, psychosomatisch bedingte Krankheiten und wüste Vernichtungsphantasien bezeugten sein Leid, das sich im Willen zur Macht und im Einzigartigsein zu »erlösen« trachtete. Schon in Briefen, die er aus London an Freunde schrieb, erwähnte er wiederholt, daß er fühle, zu Höherem berufen zu sein.

1912 hielt sich Haeusser geschäftlich in Frankfurt am Main auf. Eines Nachts überkamen ihn Gedanken um das »Wohl des Menschen«: »Da – in diesem Frankfurter Hof war es, wo Ich das erste Mal den Trieb spürte, mit großer hastiger Schrift – in französisch – dem Drange, der immer mächtiger wurde, einen sichtbaren Ausdruck zu verleihen und niederzuschreiben, daß die Vernunft, das große Sorgenkind der Menschen, noch nicht geboren, dabei aber die Vernunft, cet enfant terrible – ›La Raison‹ – ganz plötzlich, d. h. über Nacht zur Welt kommen könnte!!!« Zu seiner Frau, die damals zuweilen verständnislos mit dem Zeigefinger auf ihre Stirn tippte, bemerkte er kryptisch: »Ich werde eines Tages die Geschäfte aufgeben, um nur noch Meiner Philosophie – Meinem Geist – Meinen Gedanken zu leben!«

Der Ausbruch des Weltkriegs beflügelte Haeussers Geist und Gedanken. Zwar verlor er durch die Beschlagnahme deutschen Vermögens im Ausland einen großen Teil seiner Geldmittel, doch betrachtete er den Krieg auch als Chance für einen Erneuerungsprozeß, in den Männer wie er eingreifen müßten. »Der Krieg ist eine höhere Bestimmung«, schrieb er am 1. November 1914 in einem Brief, »er hat den Zweck, die höheren Urteile zu erfüllen, den Übermut zu dämpfen, die gar zu Kühnen, Hohen, Hochmütigen wieder zur Einfachheit, zum Nachdenken, zum Überlegen zurückzuführen. – Alles wird nach diesem größten & furchtbarsten aller Kriege neu erstehen. Der Ernst des Lebens wird wieder sein Recht gewinnen. Die in Hülle & Fülle lebten und schwanger vor Übermut wurden, müssen klein & bescheiden alles von vorne beginnen. – Für meinen Teil nehme ich die schweren Stunden mit einer vollkommenen Harmonie des Gemütes auf, da ich philosophisch erachte, daß das wahre Glück darin besteht, seine Kräfte, ob geistiger oder physischer Natur, darin zu stählen.«

Haeusser schlug sich auf die Seite antideutscher Kriegsgegner in der Schweiz, empörte sich über den »preußischen Imperialismus« und wandelte sich allmählich vom Champagnerfabrikanten zum Erlöser, zum Helfer aller Kleinen, Getretenen, Schwachen, Bedrückten. Er brach alle Kontakte zu Freunden und Bekannten ab, verließ Frau und Kind und begann in Zürich vor Publikum die ersten »Lebensreden« zu halten; »zum großen Teil verworren, unklar, unfertig, utopisch, mit Geschmacklosigkeiten, krassen Irrtümern, falschen Bildern, kosmopolitischen Binsenwahrheiten versehen«, kommentierte ein Reporter der *Neuen Zürcher Zeitung*. Haeusser empfand die Züricher Reden als Mißerfolg. Rat und Aufmunterung holte er sich bei Gusto Gräser in Ascona, dem Naturmenschen und Mitbegründer der Kommune auf dem Monte Verità. Gestärkt kam er aus der Gesellschaft der Lebensreformer zurück; ideologisch beeinflußt von Gräser und Laotse, dachte Haeusser nun, über Selbstbeherrschung und Dienen zur Herrschaft berufen zu sein. Auch äußerlich war er nicht wiederzuerkennen. Der einst modisch-elegante, in Schwarz gekleidete Mann mit Zylinder verwandelte sich in einen eher vernachlässigten Menschen mit wallendem Bart, »um damit seinen hemdlosen Hals und die nackte Brust zu verbergen«, wie eine Bekannte anmerkte.

Als Haeusser wieder anfing, Vorträge zu halten, fiel er der Polizei unliebsam auf, wurde verhaftet und als unerwünschter Ausländer nach Deutschland abgeschoben. Dort setzte er seine Missionstätigkeit zunächst in Baden-Württemberg fort. Geschickt gelang es ihm, die Menschen auf sich aufmerksam zu machen und zu beeindrukken. Seine Reden zeichneten sich durch ein erstaunliches Repertoire an Ausdruckskraft, originelle Sprache, vor allem aber durch Pathos aus. Er lernte, dem Volk aufs Maul zu schauen, gewandt brachte er das moralische Unbehagen der Zeit zum Ausdruck, geißelte Egoismus und materielle Genußsucht. Seine Gefolgschaft wuchs; der

Haeusser-Kreis bildete sich aus Menschen, die bereit waren, Familie und Besitz aufzugeben und ihm, dem neuen Christus, zu folgen. Sie klebten Plakate auf Anschlagsäulen und verteilten Flugblätter, auf denen in Riesenbuchstaben stand: »Urreinheit«, »Vollendetsein« oder »Ganzheit«. Auf einem der Plakate war zu lesen: »Diesen Mann der Zeitenwende haben die Menschen in Mir erkannt! Deshalb strömen sie Mir zu! Nicht ›Spartakus‹ wird das ›Neue‹ bringen! Er wird nur einstürzen! Aufbauen und ›Neue Werte‹ auf ›Neue Tafeln‹ zu schreiben, ist Mir vorbehalten. In Tübingen erklärte ich den Professoren, daß Ich und nur Ich der Welt ihr neues Maß, ihre neue Richtung und ihren neuen Stempel aufdrücken werde! – Lachet oder glaubet! So wird es!!!«

Haeusser lebte, wie er dachte; ein Wanderprediger, der ein betont einfaches Leben führte, der in Volksküchen aß oder was er in der Natur fand, der im Freien übernachtete, wenn er kein Bett fand in einem freundlich gesinnten Haus; seine Kleidung war schäbig, aber sauber; das schon lichte Haupthaar trug er in langen, bis über die Schultern hängenden Locken, der mächtige Bart reichte bis zur Mitte der Brust.

Auf Frauen übte der Heiland eine besondere Anziehung aus. Stets war er umgeben von einem Schwarm von Jüngerinnen, mit denen er auch sexuell verkehrte. Er redete ihnen ein, daß sie aus der genitalen Vereinigung mit ihm gereinigt und geheiligt hervorgehen würden. Es sei ganz und gar keine Sünde, beteuerte der »Vollendete«, denn hier gehe nichts anderes vor sich als die »Empfängnis durch den Heiligen Geist«; und weiter: »Sein Glied kann in voller Reinheit und Kindlichkeit zum Niederlegen des Samens dienen, ohne daß unlautere Begierde und unreine Wünsche dabei unterlaufen (was bei dem Reinen, der nur die Werke des Geistes tut, gar nicht in Gedanken kommt).« Psychiater beurteilten seine Sexualpraktiken als sadomasochistisch, und als einer der Ärzte daraus schloß, er sei vermutlich impotent, antwortete Haeusser selbstgewiß: »Impotent Bin Ich wie ein junger Stier, der jeden Tag ein Rind besteigt und sechs Kühe befruchtet!!!«

»Lieben – nein, das kann ich nicht!« gestand der Sexprotz, denn »der Vollendete kennt nicht das Lieben!« Dafür machte er sich für die »Rehabilitierung der Geschlechtsorgane« stark; es sollte keinen Unterschied mehr geben »zwischen den Lippen und den sogenannten Schamlippen«; dabei komme dem Cunnilingus eine besondere Bedeutung zu. Dieses Mysterien-Übersinnes-Kult-Geschwafel wirkte offenkundig magisch auf die Frauen und vernebelte ihre Sinne. Es schien ihnen auch nichts auszumachen, wenn sie der Meister oft mies behandelte. Am Anfang verehrte er sie als Engel, als Göttinnen der Reinheit, war er ihrer überdrüssig, empfand er nur mehr Ekel, beschimpfte sie als »MENSCHEN-SAU« und verspottete sie in aller Öffentlichkeit.

Anfang der 1920er Jahre wandte sich Haeusser mehr und mehr der Politik zu; er trat, wie in seiner Zeitschrift stand, »mit eiserner Faust, mit unerbittlicher Konsequenz für ein gewaltiges, starkes ›Herrschendes Deutsches-Macht-Volk‹ ein«; betrachtete sich allen Ernstes als Herkules, »der den Alphafluß in den Deutschen Augias-Stall hineinleitet«, der sein Volk »vom Schmutz seiner Flauheit, – Feigheit, – Faulheit, – Lauheit reinigen will«, und der seinem Volk »Führer« sein wollte. In seiner derben schwäbischen Art (»Der Mund bildet das Arschloch des Geistes«) kämpfte er für die »Generalwäsche«, die zur Errettung Deutschlands führe: »Die Erde empfindet der Reine wie einen ungeheuren Abort. Und jeder der die Erde bewohnenden Sünder ist eins der Arschlöcher, die das große Scheißhaus Welt mit ihrem Kot füllen, dies ganz in der Ordnung findend, da die Sache ansteckend, und so nach und nach alle fertigen Scheißhäuser und Arschlöcher wurden! Und wer dieses Meer von Scheiße trinkt – in ihm geboren wird – der ist wahrhaft groß –

so groß, daß es nicht Wunder nehmen darf, wenn es die Arschlöcher nicht fassen noch glauben können.«

Im Juni 1922 fühlte sich Haeusser, der geistige Anarchist, berufen, das Reichsaußenministerium zu übernehmen. Als die Behörden auf sein Angebot nicht reagierten, rief er sich selbst zum »Volkskaiser« aus und führte fortan den Titel »Louis le Christ, roi d'Allemagne et Empereur du Monde«. In seiner »kaiserlichen« Proklamation vom Dezember 1922 hieß es zum Beispiel in Punkt 6: »Grundsatz: Jeder echte deutsche Mann soll Freund und Bruder heißen. – Wer gegen diesen Hauptgrundsatz sich auflehnt, wird als unheilbarer Sünder dem Schafott anvertraut.« Die Frauen hatte er schlichtweg vergessen. Aber es kam noch absurder. In einem ergänzenden Armeebefehl legte er dar: »Auf Grund der Lehre Christi: Wer das Schwert nimmt (gegen die Wahrheit), der muß mit dem Schwert umkommen! Christus sagt ferner: Wer den Geist der Wahrheit auch nur beleidigt, der muß also getötet werden. Auf Grund dieser Lehre werden keine Gefangenen gemacht! Wer in Wort und Schrift oder mit den Waffen gegen die Wahrheit – verkörpert in Mir und Meinen Streitern – vorgeht, wird ohne Verhör hingerichtet.«

Die Vernichtungsphantasien, die in Haeussers Hirn herumspukten, gipfelten schließlich in einem sprachlichen Blutrausch: »Blut soll fließen, Blut muß fließen, Blut wird fließen!« schrieb er. »In allen Rinnsteinen wie nach einem Wolkenbruch wird das Blut sich anstauen! Ein Schlachtfest, bei dem Schweine in Menschengestalt zu Millionen abgeschlachtet werden, steht vor uns! Die Saat ist überreif! Tage nur trennen uns noch vom Jüngsten Tag. Das Jüngste Gericht – das Reich Gottes – die Herrschaft des Geistes – die Diktatur der Wahrheit – ist nahe herbeigekommen!«

Am 18. November 1922 gründete Haeusser seine eigene Partei, die Christlich-Radikale Volkspartei, die eine Gemeinschaft von Tatmenschen sein sollte. Daraus wurde nichts; zwei Jahre später löste sich die Partei wieder auf und wurde durch den neugegründeten Haeusser-Bund ersetzt. Haeusser, der sich nun sowohl als »deutschvölkischer Kommunist« als auch als Befürworter einer »anarchistischen Monarchie« sah, versuchte vor den bevorstehenden Wahlen den Haeusser-Bund mit radikalen Splittergruppen zusammenzuführen, was aber scheiterte, ebenso wie die Beteiligung an den Reichstagswahlen im Mai und Dezember 1924. Ein letztes Mal versuchte er sein Glück bei der Wahl zum Reichspräsidenten im April 1925; aber nicht er, sondern Generalfeldmarschall Paul von Hindenburg, der Kandidat der vereinigten Rechten, wurde neuer »Volkskaiser«.

Durch sein unstetes Leben, die harten Wanderjahre und eine lange Haftstrafe (wegen Aufruf zur Gewalttätigkeit gegen die Republik) war Haeussers Gesundheit stark angegriffen. Noch einmal träumte er von einer ländlichen, etwas später von einer urbanen Kommune, von einem »Haeusser-Reich« der »Reinen«. Dazu kam es nicht mehr. Der Inflationsheilige Ludwig Christian Haeusser starb am 9. Juni 1927 mit fünfundvierzig Jahren in Berlin an Herzmuskelentzündung. Seine Leiche wurde am Alten Neuköllner Friedhof unter einem Findling mit der von ihm erdachten Inschrift »Ich bin das Glück« begraben.

Was Haeusser in Gedanken vorweggenommen hatte, sollte nicht ganz sechs Jahre nach seinem Tod grausame Wirklichkeit werden: in der Person des »Führers« Adolf Hitler.

ERICH RUDOLF OTTO ROSENTHAL,

der Cowboy von Reinickendorf

Seine großen Vorbilder waren der berühmt-berüchtigte »Old Shatterhand« Karl May und der Showstar Buffalo Bill alias William F. Cody, vormals Kundschafter der Armee der Nordstaaten im amerikanischen Bürgerkrieg und Büffeljäger, der in unzähligen Wildwestspektakeln in Europa auftrat. Erichs jüdischer Vater war Zirkusclown mit dem Spitznamen »Süßmilch«, der am Lehrter Bahnhof in Berlin ein Varieté-Café betrieb und bei Hans Stosch im »Circus Sarrasani« auftrat.

Erich kam am 26. Juni 1885 in Magdeburg in einer sternenklaren Nacht als uneheliches Kind der Elfriede Fischer, einer Christin, zur Welt und erhielt den Namen seines Vaters. Er wurde nach jüdischem Brauch erzogen, besuchte ein Privatgymnasium und begann in Potsdam eine Lehre bei einem Fleischhauer, die er allerdings vorzeitig abbrach.

Am 23. Juli 1890 gastierte zum ersten Mal »Buffalo Bill's Wild West« in Berlin am Kurfürstendamm. Codys glanzvolle Truppe versammelte zweihundert Indianer, Cowboys, Lassowerfer, die junge Scharfschützin Annie Oakley (verewigt im Musical »Annie Get Your Gun«) sowie wilde Pferde und Büffel und zog einige tausend Schaulustige an. Vater und Sohn Rosenthal ließen sich die Vorführung, der ein kolossaler Erfolg in New York, Paris, London und Rom vorausgeeilt war, nicht entgehen. Dabei kam es zu der vom Vater angestrebten Begegnung zwischen dem Clown »Süßmilch« und Oberst William Cody; wie sich die beiden »Zirkusleute« verständigt haben, weiß man nicht, für den fünfzehnjährigen Erich jedenfalls blieb Codys freundschaftlicher Händedruck nicht ohne Folgen.

Die Erinnerung an das Treffen mit Buffalo Bill und Karl Mays Wildwesterzählungen mögen Jahre später dazu beigetragen haben, daß in Rosenthal der Entschluß reifte, nach Amerika zu reisen, zu dieser Zeit das Sehnsuchts- und Zufluchtsland unzähliger Deutscher. Ob er tatsächlich Amerika erreicht hat, bleibt im Dunkeln. Die Legende will jedoch wissen, daß er auf der berühmten 101 Ranch einige Meilen südlich von Ponca City in Oklahoma landete, damals das Mekka für all jene Draufgänger, die in Wild-West-Shows oder bei Rodeos Karriere machen wollten. Er lernte reiten, mit dem Lasso und der Bullenpeitsche umzugehen, traf mit dem Gewehr auf große Distanz den Hals einer Whiskyflasche und kehrte schließlich als Billy Jenkins in seine Heimat Deutschland zurück.

Am 12. Juni 1909 debütierte Billy Jenkins mit seiner Wild-West-Show im volkstümlichen Rose-Theater in Berlin. Anders als sein Idol Oberst Cody war er weniger martialisch kostümiert: Zu weißen Breeches trug er ein weißes, dunkel besticktes enges Oberteil mit Brusttaschen, schwarze Schaftstiefel und einen weißen Filzhut mit breiter Krempe. Als »König der Cowboys«, wie er in Presseberichten, Programmheften und auf Werbeplakaten bezeichnet wurde, trat er fortan als Kunstschütze, verwegener Reiter und Lassowerfer in Varieté- und Zirkusveranstaltungen auf. Für den Stummfilm »Der Bär von Baskerville« engagierte ihn der Produzent Paul Davidson, um für den »Sensationsdarsteller« Harry Piel die Lassoszenen zu doubeln. Auch in Hollywood-Produktionen soll er an der Seite des legendären Cowboy-Filmstars Tom Mix mitgewirkt haben.

Nach der Unterzeichnung des Friedensvertrags von Versailles im Juni 1919 galt ein allgemeines Waffenverbot; Billy Jenkins durfte nun weder mit Revolver noch mit Gewehr auftreten. Also mußte er sich einen attraktiven Ersatz suchen. Von seinen Eltern hatte er in der Waldsiedlung Konradshöhe im Berliner Ortsteil Reinickendorf ein Haus geerbt, und dort im Garten begann er nun Greifvögel abzurichten. In einer Voliere hielt er Schleiereulen, Bussarde, Wanderfalken und den mächtigen Steinadler »Goliath«, den er in Flugschauen auf einem ledernen Handschuh präsentierte und der auf sein Kommando Jagd auf herumwirbelnde Attrappen machte. Billy scheint ein feines Händchen gehabt zu haben, denn es hieß, er sei einer der bedeutendsten Greifvogeldompteure der Welt. Es sickerte auch durch, daß er mit einem ihm bekannten Militär daran gearbeitet habe, mit Wanderfalken feindliche Fesselballons, die zur militärischen Beobachtung eingesetzt wurden, zu bekämpfen.

Erich Rosenthal alias Billy Jenkins, der Cowboy aus Reinickendorf, blondhaarig und blauäugig, wechselte auch ab und zu die Fronten. In seinem Garten erschien er dann als Indianer verkleidet mit Federschmuck und Lendenschurz und übte sich im Bogenschießen. Die Nachbarn, vor allem die Kinder, standen neugierig am Zaun, und wenn Billy ins Schwarze traf, gab es spontanen Beifall. Gern und voll Stolz erzählte er die Geschichte, daß er von indianischen Artisten zum »Ehrenhäuptling der Irokesen« ernannt worden war. Ja, er war leutselig, recht selbstbewußt und eigensinnig; er liebte es, mit seinem Publikum zu schäkern und Autogramme zu geben; er war exaltiert. Versehentlich schoß er sich einmal während einer Vorstellung ins Bein, was für großes Aufsehen sorgte. Das war nicht der einzige Unfall; sein Körper war, so sagte man wenigstens, übersät von Narben. Bei einem Gastspiel in Spanien soll er vom Pferd gestürzt sein und sich sämtliche Vorderzähne ausgeschlagen haben. Obwohl er oft behauptete, er liebe Tiere mehr als Frauen, hatte er eine Lebensgefährtin und Partnerin in der Manege, blond und mollig, aus Amerika gebürtig, mit dem gar nicht amerikanischen Namen Friedl Schönemann. Billy war zweifellos ein schräges Original seiner Zeit.

Nach der Machtübernahme Hitlers 1933 nahm er als »Halbjude« (im Sinne der NS-Rassengesetze) zur Tarnung den Mädchennamen seiner Mutter an. Nun hieß er amtlich Erich Fischer, und er trat der NSDAP bei. In den darauffolgenden Jahren war er immer wieder, wie schon sein Vater, im »Circus Sarrasani«, Europas größtem Zirkus-Theater in Dresden, engagiert. Ob es nun in diesem Zirkus war oder bei anderen Auftritten, ist ungewiß: Fest steht jedenfalls, daß ein Foto existiert, auf dem Billy Jenkins als pistolenbehalfterter Cowboy zu sehen ist, wie er mit einem großen Hakenkreuzemblem und Reichsadler in der erhobenen rechten Hand die Manege betritt. Am unteren Rand des Fotos ist eine handschriftliche Widmung zu sehen, die mit »Heil Hitler« beginnt.

Im August 1934 erschien im Leipziger Werner-Dietsch-Verlag, der überwiegend Trivialliteratur veröffentlichte, ein Groschenheft mit dem Titel »Der Teufel der Savanne«, verfaßt »nach Berichten des Westmannes Billy Jenkins«. In den nächsten fünf Jahren sollten noch zweihundertvierundsechzig Nummern dieser Heftreihe mit reißerischen Titeln folgen, die Millionenauflagen erzielten. Es waren natürlich frei erfundene Geschichten, geschrieben von Autoren mit Pseudonymen wie Frank Astor oder Robert Sills, doch sie ließen den Eindruck entstehen, Jenkins habe die Abenteuer in der Prärie und in Goldgräberdörfern selbst erlebt. Das steigerte Billys Bekanntheitsgrad enorm, obwohl er doch nur dem Verlag seinen Künstlernamen gegen Honorar zur Verfügung gestellt hatte. Im August 1939 wurden die »Billy-Jenkins-Hefte« von der NS-Reichsschrifttumskammer allerdings verboten, mit der Begründung, der Name des Titelhelden sei zu amerikanisch.

Ein Jahr darauf war Billy Jenkins mit dem Circus Busch auf Tournee durch Polen. Auf der Fahrt von einem Spielort zum nächsten brach im Sonderzug Feuer aus. Bei dem Versuch, seine Greifvögel aus dem brennenden Waggon zu retten, zog er sich so schwere Verbrennungen zu, daß er nach etlichen Operationen nur mehr am Stock gehen konnte und ein Korsett tragen mußte.

Der »Cowboy von Reinickendorf« starb am 21. Jänner 1954 in ärmlichen Verhältnissen in einem Wohnwagen in Köln, wo er auf dem Melatenfriedhof die letzte Ruhe fand.

Randbemerkung v

Der französische »Geschwindigkeitstheoretiker« und Vordenker der *Nouvelles technologies*, Paul Virilio, widmete sein Buch »Fahren, fahren, fahren …« (Berlin 1978) einer vierundsiebzigjährigen Frau namens Sarah Krasnoff, die im Jahre 1971 auf der Flucht vor den Psychiatern fünf Monate lang in den Maschinen der KLM praktisch ohne Unterbrechung mehr als einhundertsechzigmal den Atlantik überquert hatte, bevor sie ruiniert und am Ende ihrer Kräfte im Zimmer 103 des Hotel Frommer in Amsterdam starb.

ROMAN VON UNGERN-STERNBERG

Unhold

Es war einmal einer, der hielt sich für die Wiedergeburt Dschingis Khans. Er hatte einen kleinen Kopf auf breiten Schultern, blondes, wirres Haar, einen borstigen rötlichen Schnurrbart, ein hageres Gesicht mit hoher, vorspringender Stirn, die sich über eisgrauen Augen wölbte. Er trug meist mongolische Tracht und einen auffallend dicken, langen Bambusstock, mit dem er Untergebene, die sich ungehörig aufgeführt oder eines Vergehens schuldig gemacht hatten, zu Brei schlug. Das erzählte der polnische Autor und Abenteurer Ferdinand Ossendowski. Er hatte im russischen Bürgerkrieg kurze Zeit an der Seite jenes Mannes gekämpft, der sich anschickte, ein mittelasiatisches Reich von der Mongolei bis zum Kaspischen Meer zu errichten. Ossendowskis Buch »Beasts, Men and Gods«, das 1922 in New York erschien und in etlichen Übersetzungen ein Bestseller war, brachte auch Baron Roman von Ungern-Sternberg, den Unhold, an die Öffentlichkeit, der seither in verschiedenen romanhaften Biographien herumgeistert, mit Titeln wie »The Bloody Baron: Wicked Dictator of the East«, »The Brutal Buddha«, »Le Baron Ungern, Khan des steppes«, »Ungern, le dieu de la guerre« oder »Ich befehle!« (das bisher einzige Buch auf deutsch, 1938 in Bremen erschienen).

Überraschend war die Entdeckung, daß der hierzulande eher unbekannte Haudegen und gebürtige Grazer Ungern-Sternberg in den siebziger Jahren in einem Klassiker der Comicliteratur auftauchte. Corto Maltese, der Held des genialen italienischen Zeichners Hugo

Pratt, fällt in Sibirien in die Hände von Ungern-Khan, der ihn brüsk zur Rede stellt: »Wer sind Sie? Was machen Sie hier?« Worauf Pratts Held nach einigem Zögern anwortet: »Ich heiße Corto Maltese. Wir sind hier, um Admiral Koltschaks Gold zu rauben.« Im Verlauf des Comicstrips möchte der Baron Maltese für seine asiatische Kavalleriedivision gewinnen, die im Begriff ist, die mongolische Hauptstadt Urga (heute Ulan Bator) von den chinesischen Besatzern zu befreien. Maltese lehnt ab, er habe anderes vor. Beim Abschied bittet der Baron Maltese: »Falls Sie Gelegenheit finden, erzählen Sie der Welt mein tragisches Schicksal.«

Ungern-Sternberg kam am 10. Jänner 1886 in der bürgerlich-aristokratischen Gesellschaft von Graz zur Welt und wurde vier Monate danach in der evangelischen Heilandskirche auf den Namen Nikolay Roman Max getauft. Sein Vater Theodor, ein studierter Geologe, stammte aus altem deutsch-baltischem Adel, seine Mutter

Sophie war eine geborene von Wimpffen. Einige Jahre später trennten sich die Eheleute und verließen Österreich. Roman wuchs bei seiner Mutter und dem Stiefvater Oskar von Hoyningen-Huene in Reval in Estland, damals Teil des russischen Reichs, auf. Er absolvierte die Militärakademie in Sankt Petersburg und wurde 1908 als Offizier eines Kosakenregiments an die russisch-mongolisch-chinesische Grenze am Amur-Zufluß Argun entsandt. Während des Ersten Weltkriegs kämpfte er in den Karpaten gegen die Österreicher und erwarb sich den Ruf eines draufgängerischen, aber auch unberechenbaren Offiziers. Sein damaliger Kommandeur, der baltische General Wrangel, beschrieb ihn als unschätzbar in Kriegszeiten, aber unmöglich in Zeiten des Friedens. Ungern-Sternberg wurde viermal verwundet und für seine Tapferkeit mit dem Sankt-Georgs-Orden ausgezeichnet.

Nach der Februarrevolution 1917 wurde Ungern-Sternberg von der provisorischen Regierung unter dem Fürsten Lwow wieder in den Fernen Osten, in die Baikalregion, geschickt, um dort unter dem Kommando von General Grigori Semjonow eine loyale Militärpräsenz aufzubauen. Im Oktober kam es dann in Petrograd zur Revolution der Bolschewiken und dem Sturz der provisorischen Regierung. Semjonow und Ungern-Sternberg schlossen sich zunächst den »Weißen« im Kampf gegen die Bolschewiken an. Der Baron, von Semjonow zum General befördert, schlug sein Hauptquartier in der sibirischen Stadt Daurija auf, wo er eine private Reiterdivision aus Russen, Kosaken, Burjaten, Mongolen und Tibetern zusammenstellte, die mit Wodka und Haschisch kampfeslustig gemacht wurden. Seinem Mitstreiter Ossendowski erklärte er einmal, er habe fast sein ganzes Leben im Krieg und mit dem Studium des Buddhismus verbracht. Sein Großvater habe die Lehre Buddhas aus Indien mitgebracht und an seinen Vater weitergegeben, und auch er bekenne sich ehrfürchtig dazu. In Transbaikalien versuche er einen buddhistischen Militärorden zu formen, um kompromißlos gegen die Verderbtheit der Revolution zu kämpfen.

1920 trennte sich Ungern-Sternberg von Semjonow und operierte fortan als selbständiger Warlord. Bei der Bevölkerung und bei seinen Untergebenen, von denen er unbedingten Gehorsam forderte, erwarb er sich den Ruf unerbittlicher Grausamkeit, was ihm den Beinamen »blutiger Baron« eintrug. Die Aussagen von jenen, die ihn während des Bürgerkriegs kannten, vermitteln das grauenerregende Bild eines Mannes, der Lust am Töten empfand und der vielleicht darüber den Verstand verlor, daß er zu lange Macht über Leben und Tod anderer Menschen besaß. Auf seinen Befehl wurden Feinde, Kollaborateure, unbotmäßige Gefolgsmänner, aber auch bloß verdächtige Personen zu Tode geprügelt, kurzerhand erschossen, am nächsten Baum aufgehängt, es wurde ihnen der Kopf abgeschlagen oder der Bauch aufgeschlitzt; andere Torturen beförderten die Opfer in einen Zustand, den ein Augenzeuge als »formlose blutige Masse« bezeichnete. Auch unzählige Juden fielen Ungern-Sternbergs fanatischem Antisemitismus zum Opfer. In seinem Erlaß Nr. 15 vom Mai 1921 hieß es unter anderem: »Kommissare, Kommunisten und Juden sind gemeinsam mit ihren Familien zu vernichten, ihr Eigentum zu konfiszieren.« Einer der Militärärzte seiner Truppe beschrieb ihn als einen geisteskranken, perversen Menschen, der an Größenwahn und unstillbarem »Durst nach menschlichem Blut« leide.

Im Winter 1921 beschloß Ungern-Sternberg, die Hauptstadt der Mongolei, Urga, die von chinesischen Truppen besetzt war, anzugreifen und den in seinem Palast gefangengehaltenen »Lebenden Buddha« Bogdo Khan, den mongolischen Gottkaiser, zu befreien. Nach zwei gescheiterten Angriffen gelang es der Soldateska des Barons, die chinesischen Besatzer niederzuringen. Tausende Soldaten der chinesischen Armee wurden gefangengenommen und massakriert. Als Dank für die Befreiung ehrte der wieder inthronisierte

Gottkaiser den »blutigen Baron« mit dem höchsten Fürstentitel und bezeichnete ihn als fleischgewordenen Kriegsgott, als Khan der Mongolei.

Ferdinand Ossendowski erinnerte sich in seinem eingangs erwähnten Buch an eine nächtliche Autofahrt, bei der ihm der Baron seine wirren Pläne von einem asiatischen Weltreich anvertraute. Der göttliche Geist im Menschen sei durch die Revolution bedroht, und nur ein gemeinsamer Staat der Chinesen, Mongolen, Tibeter, Afghanen, Kalmücken, Tataren, Buriten, Kirgisen und der mongolischen Stämme Turkestans, physisch und moralisch stark, könne eine wirksame Barriere gegen die Revolution sein und den eigenen Geist, die Philosophie und individuelle Politik schützen.

Im April 1921 versuchte Ungern-Sternberg chinesische, russische und tibetische Politiker und Militärs für seine Vision zu gewinnen. Er kündigte eine Begegnung von epochaler Bedeutung zwischen den Mächten des Lichts und der Finsternis an, doch die Reaktionen blieben aus. So verließ er im Mai desselben Jahres mit seiner Reiterarmee Urga in Richtung Norden, um sich der vorrückenden Roten Armee entgegenzustellen. In den ersten Gefechten konnte sich der General mit seiner Truppe, angeheizt von doppelten Rationen Wodka und Haschisch, noch durchsetzen, doch die Übermacht war zu groß. Die drohende Niederlage ließ einige seiner Offiziere zu Verrätern werden, die ihren General an die »Roten« auslieferten. Am 15. September 1921 wurde Ungern-Khan vor ein Sowjettribunal in Nowosibirsk gestellt, zum Tode verurteilt und noch am gleichen Tag in einem Wald am Rande der Stadt von zehn Rotarmisten erschossen.

Bei einer Person wie Ungern-Sternberg ist es nur zu natürlich, daß Wirklichkeit und Legende verschmelzen. So besagt eine Geschichte, er habe, bevor das Kommando »Feuer!« an das Peloton gegeben wurde, noch schnell den Sankt-Georgs-Orden von seinem

Tarlyk, dem mongolischen Rock, gerissen und verschluckt, um zu verhindern, daß er in bolschewistische Hände falle. Eine andere tischte der britische Autor Rhys Hughes in seinem Buch »A New Universal History of Infamy« (2004) auf. Er behauptete, man habe das Gehirn des toten Barons untersucht und dabei festgestellt, daß einer der Lappen der linken Gehirnhälfte, wo ja das emotionale Zentrum sitzt, Atrophien, also Schrumpfungen, aufwies, was vermutlich seine Verrücktheit unterstreichen sollte. Und der Comicheld Corto Maltese beschließt sein Abenteuer mit den Worten: »Man erzählt sich, daß der Baron antwortet, wenn jemand an seinem Grab mit ihm spricht. Ich bin zu seinem Grab gegangen, an einem schönen Herbstnachmittag, als der Wald, in dem es liegt, eine rotgoldene Farbe hatte. Ich habe mit ihm gesprochen, aber er hat mir nicht geantwortet.«

VICTOR LUSTIG

Schwindler

In Europa wütete eine schlimme Grippeepidemie, als Victor Lustig am 4. Jänner 1890 in der böhmischen Kleinstadt Hostinné am Oberlauf der Elbe zur Welt kam. Der Vater, ein angesehener Kaufmann, übte das Amt des Bürgermeisters aus, die Mutter herrschte im Haus und über ein Stubenmädchen, das sich auch um den kleinen Victor zu kümmern hatte. Hostinné liegt im Grenzgebiet zu Deutschland, und wie andere Kinder auch wuchs Victor zweisprachig mit Tschechisch und Deutsch auf. Seine Schulzeit verbrachte er in einem Dresdner Internat, wo er nicht gerade geglänzt haben soll. Fleißig war er nur im Erlernen von Sprachen, und mit der Zeit eignete er sich gediegene Kenntnisse in Englisch, Französisch und Italienisch an. Nach der Matura ging er auf Wunsch des Vaters nach Paris, um an der Sorbonne zu studieren.

Doch Victor Lustig dachte nicht ans Studieren. Seine Ambitionen waren auf das rasche Geld gerichtet; er beschäftigte sich mit Poker, Bridge und Billard und wurde ein trickreicher Berufsspieler, der einen Riecher für Dumme besaß. Irgendwann durchschaute der Vater die wahren Absichten seines Sohnes und stellte die Unterstützung ein. Der quirlige Lustig wurde Paris bald überdrüssig: zu viele Konkurrenten, aber auch die Opfer wurden schlauer. Was lag näher, als auf die großen Luxusdampfer, die den Atlantik überquerten, zu wechseln, auf denen sich die Reichen und Schönen langweilten. Leichte Beute für einen wie Lustig, der polyglott, gutgekleidet und kultiviert auftrat, die nötige Unverfrorenheit besaß und die Schwächen anderer Menschen rasch erkannte. Auf einer der Überfahrten lernte er einen anderen professionellen Falschspieler namens Nicky Arnstein kennen, der ihn in seine raffinierten Kniffe einweihte. Sie wurden ein Gespann und nahmen gemeinsam die willigen Passagiere am Spieltisch aus.

Der Ausbruch des Ersten Weltkriegs beendete zunächst Lustigs Karriere, denn mit den Luxusreisen zwischen Europa und Amerika war es aus. Die Kriegsjahre soll er wieder in Paris verbracht haben; was er dort tat, ist ungewiß. Nach Kriegsende verließ er Europa und versuchte sich in den Vereinigten Staaten eine neue Existenz zu schaffen, wobei ihm sein Freund Nicky Arnstein, der gute Kontakte zur Unterwelt hatte, unter die Arme griff. Es war der Beginn der »Roaring Twenties«, der Prohibition und der blühenden Spekulationsgeschäfte. Arnstein ließ ihn bei ein paar größeren Coups mitmachen, wodurch Lustig in den Besitz von Staatsobligationen im Wert von fünfundzwanzigtausend Dollar gelangte. Nun war es an der Zeit, aus sich etwas zu machen; er nannte sich fortan Graf Victor Lustig und umgab sich mit aristokratischem Flair.

In Salina im Bundesstaat Kansas machte Graf Lustig einen Bankdirektor namens Tormut Green ausfindig; dem war als Gläubiger eine abgewirtschaftete Farm zugefallen, die er loswerden wollte. Im eleganten Tweedanzug mit Veloursledergamaschen besuchte Lustig Green und stellte sich als österreichischer Gutsbesitzer vor, der nach dem Niedergang der k. u. k. Monarchie alles verloren habe und nun im Mittelwesten ein Stück Land suche, das er bewirtschaften wolle. Greens Grundbesitz sei ihm wärmstens empfohlen worden. Zum Glück, schwadronierte er weiter, habe er den wertvollen Familienschmuck retten und verkaufen können und aus dem Erlös Pfandbriefe erworben. Nach einer Besichtigung der Farm bot er Green nonchalant Obligationen im Wert von fünfundzwanzigtausend Dollar an, mit der scheinheiligen Frage, ob dieser Betrag wohl angemessen sei. Green, über das Angebot überrascht, weil er wußte, daß die Farm höchstens ein Drittel wert war, willigte zufrieden ein. Nun hatte Lustig den Bankier an der Angel, und er trieb sein Spiel kaltblütig auf die Spitze. Er benötige für den Aufbau der Farm natürlich auch Bargeld, das er aber nicht habe, sagte er zu Green. Glücklicherweise besitze er noch weitere Obligationen für fünfundzwanzigtausend Dollar, und er fragte Green, ob er diese gegen Bargeld eintauschen könne. Auch diesem Ansinnen stimmte Green zu.

Green erschien mit seinem Vize John Rose im Hotel, ein Kaufvertrag wurde unterzeichnet und mit Canadian Club Whisky reichlich begossen. Lustig übergab ein versiegeltes Päckchen mit den Obligationen und erhielt dafür fünfundzwanzig Tausend-Dollar-Scheine. Vertrauensvoll verzichtete Green darauf, die Obligationen zu überprüfen, auch aus Angst, die Ehre des Aristokraten zu verletzen und das Geschäft zu gefährden.

Als der Whiskydusel verraucht war, mußten Green und Rose feststellen, daß sich in dem Päckchen nur alte Zeitungen befanden. Wütend fuhren die beiden Herren zurück ins Hotel, doch Graf Lustig war längst über alle Berge. Um sich nicht lächerlich zu machen, meldete Green den Schwindel nicht der Polizei, sondern beauftragte den Anwalt der Bank, Lustig ausfindig zu machen. Gemeinsam mit einem Privatdetektiv verfolgte der Anwalt Lustigs Spur bis New York, wo sie den Gauner tatsächlich stellen konnten. Sie zwangen Lustig mit vorgehaltenem Revolver, seine Sachen zu packen und mit ihnen nach Kansas zurückzukehren, um ihn dort vor Gericht zu stellen. Im Zug nach Kansas lief Lustig zur Höchstform auf. Furchtlos verwickelte er seine Begleiter in eine Diskussion; er sei eigentlich der Betrogene, weil ihm Green eine Farm von geringem Wert angedreht hatte, meinte er, und was würden die Bürger der Kleinstadt und erst recht die Bankkunden sagen, wenn bekannt werde, wie leichtsinnig sich die Herren Direktoren an der

Nase herumführen hätten lassen? Lustigs Redegewandtheit und Argumente ließen den Anwalt schwanken; er riet seinen Klienten, die Sache fallenzulassen, wenn Lustig das Geld zurückzahle. Green und Rose gaben sich geschlagen, und Lustig war zur Rückgabe bereit.

Nur, so leicht gab der Graf nicht auf. Er beklagte sich lauthals über die Unannehmlichkeiten und die Schmach, die ihm angetan worden seien, und forderte Schmerzensgeld, tausend Dollar. Der Anwalt protestierte wütend, nannte Lustig einen Halunken, doch der drohte unerschütterlich mit Enthüllungen, sollte es zu einer Gerichtsverhandlung kommen. Das Ende der Affäre: Der Anwalt mußte klein beigeben, und Graf Lustig war um tausend Dollar reicher.

Bald darauf hatte Victor Lustig Sehnsucht nach Europa. Nach einem Wettschwindel auf einer Pferderennbahn in Montreal, der ihm eine beträchtliche Summe eingebracht hatte, wurde ihm der Boden zu heiß. Im Frühling 1925 traf er in Paris ein und stieg im damals besten Hotel, dem Crillon, ab. Durch eine Zeitungsmeldung, wonach der Eiffelturm renovierungsbedürftig sei und man sich in der Regierung wegen der enormen Kosten frage, ob es nicht besser sei, den Stahlkoloß abzutragen, kam er auf einen wahnwitzigen Einfall, der zum größten Schwindel seiner Laufbahn werden sollte.

Im Mai erhielten fünf Pariser Alteisenhändler eine offizielle Einladung zu einem im Hotel Crillon stattfindenden, streng vertraulichen Treffen mit dem stellvertretenden Leiter der Bauabteilung des Ministeriums für Post- und Fernmeldewesen. Der Beamte, der die Herren in einer Suite im obersten Stock empfing, war Graf Lustig. Nach einigen Drinks verriet er den neugierigen Geschäftsleuten, daß sich die Regierung gezwungen sehe, den Eiffelturm abzureißen und als Alteisen zu verkaufen. Die dringend notwendige Sanierung würde mehrere Millionen verschlingen, und überdies empfänden viele Pariser den Turm ohnehin als Schandfleck. Mit feierlicher Stimme verkündete er, daß die Anwesenden, als seriös und gewissenhaft bekannt, auserlesen worden seien, der Regierung ein Angebot für den Turm zu machen. Vorsorglich hatte er auf gefälschtem Regierungspapier Angaben zu Gewicht und Material festgehalten, die er nun den Händlern überreichte. Danach lud er sie zu einer Besichtigung des dreihundert Meter hohen Stahlgebildes ein, ein Trick, um Zeit zu gewinnen und einzuschätzen, wer von den fünf Interessenten sein Opfer sein könnte. Lustig hatte ein feines Gespür für die menschliche Psyche und konnte binnen kurzem die Schwächen eines Menschen erkennen. Am Ende des Rundgangs bedankte er sich und bat die Herren, ihre Angebote innerhalb von vier Tagen in seiner Hotelsuite abzugeben.

Egal wie hoch die Angebote ausfallen würden, Lustig hatte bereits sein Opfer gewählt: André Poisson, ein Mann aus der Provinz, ein Neureicher, der in Paris mit Energie und Gewitztheit ein Alteisengeschäft aufgezogen hatte, dem aber die Anerkennung der besseren Gesellschaft, der er gern angehört hätte, bisher versagt geblieben war. Nun witterte er seine Chance, berühmt und reich zu werden.

Einige Tage nach Ablauf der Frist verständigte Lustig Monsieur Poisson, sein Angebot für siebentausend Tonnen Schrott habe den Zuschlag erhalten, und er möge binnen zwei Tagen mit einem beglaubigten Scheck über zweihundertfünfzigtausend Francs ins Hotel kommen. Im Taumel des Glücks regten sich in Monsieur Poisson auch leise Zweifel: Wieso fand das Treffen in einem Hotel und nicht im Ministerium statt? War der Verkauf vielleicht ein Schwindel, schließlich ging es um sehr viel Geld? Doch die Gier überwand die Bedenken, und der gute Poisson erschien mit dem Scheck in Lustigs Suite. Lustig bemerkte als guter Menschenkenner das Zögern seines Opfers und änderte seine Taktik. Statt über das Geschäft zu reden, beklagte er sich über sein bescheidenes Einkommen, wie deprimierend es sei, so hart zu arbeiten und dafür nicht in gebührender Weise belohnt zu werden. Zu guter Letzt bekräftigte er, wie heikel das Projekt sei und daß sein Chef sich deshalb für das Hotel statt das Ministerium als Verhandlungsort entschieden habe, um die Geheimhaltung nicht zu gefährden. Poissons Zweifel schwanden, der Beamte mußte echt sein. Aus Erfahrung mit der französischen Bürokratie verstand er auch den Wink und steckte Lustig ein paar tausend Francs Schmiergeld zu, dann überreichte er den beglaubigten Scheck. Lustig händigte dem Schrotthändler eine eindrucksvolle Kaufbestätigung auf Regierungspapier aus und verabschiedete den glücklichen Poisson mit einem freundschaftlichen Händedruck.

Kaum hatte Monsieur Poisson das Hotel verlassen, eilte Lustig zur Banque de France, löste ohne Schwierigkeiten den Scheck ein und reiste im bereitstehenden Auto mit gefälschtem Paß seelenruhig nach Wien ab. Der geprellte Poisson wagte nicht, zur Polizei zu gehen und den tolldreisten und unglaublichen Schwindel anzuzeigen. Die Angst war zu groß, zum allgemeinen Gespött zu werden, zu einer Pariser Witzfigur, was auch seinen geschäftlichen Ruin bedeutet hätte.

Der unerschrockene Graf Lustig aber kehrte, nachdem ein halbes Jahr verstrichen war, nach Paris zurück und verkaufte den Eiffelturm ein zweites Mal zu einem noch höheren Preis. Diesmal durchschaute der Geprellte alsbald den Schwindel, ging zur Polizei und erstattete Anzeige. Der Bluff sorgte tagelang für Schlagzeilen in der Pariser Presse, doch Lustig hatte sich längst (mit kolportierten eineinhalb Millionen Euro nach heutigem Geldwert in der Tasche) über den Atlantik in die USA abgesetzt.

Victor Lustig war ein Meister der Hochstapelei, ein Schwindler in höchster Vollendung, ein einfallsreicher, rücksichtsloser Ausbeuter menschlicher Schwäche. Er war kultiviert, charmant, elegant gekleidet in Anzügen aus der Bond Street, mit wohlgewählten Accessoires, einem Stecktuch, einer Anstecknadel, einer Blume, einem Monokel oder Spazierstock. Und er wußte, wie man Aufmerksamkeit erregt und sich mit einer geheimnisvollen Aura umgibt. In Palm Beach zum Beispiel ließ er sich einmal im Dezember in einem Rolls Royce von einem japanischen Chauffeur vor das beste Hotel fahren, nachmittags, als die geflochtenen Schaukelstühle auf der weitläufigen Hotelterrasse voll besetzt waren. Es war Amerikas Oberschicht, die hier überwinterte, und natürlich waren alle Augen auf den exotisch wirkenden Neuankömmling gerichtet. Sehr zum Bedauern der anderen Hotelgäste erschien er zunächst weder zum Frühstück noch zum Mittagessen im Speisesaal, sondern zog es vor, in seiner Suite zu speisen. Am Strand wählte er einen Sonnenschirm in einiger Distanz zu anderen Besuchern, las in einem Buch und ließ sich auffallend oft von seinem japanischen Chauffeur Telegramme bringen (auf denen kein Wort stand). Schon bald ging die Fama, er sei ein Aristokrat, gebürtig aus einer der reichsten Familien Europas. So steigerte sich nach und nach das Interesse an seiner Person, wodurch es für Lustig ein leichtes war, an seine Opfer heranzukommen. Was in Palm Beach auch prompt geschah: Einem steinreichen Tölpel namens Loller verkaufte er um fünfundzwanzigtausend Dollar eine Maschine in Form einer Holzschachtel, die, wie er vorgab, mittels eines komplizierten chemischen Prozesses Geldscheine kopieren könne, die jeder Prüfung standhielten; natürlich ein Bluff.

Ein Husarenstück leistete sich Graf Lustig im Jahr 1926, wobei es dabei weniger um Geld ging als darum, sich mit dem gefürchtetsten Gangster seiner Zeit, mit »Scarface« Al Capone zu messen.

Eines Tages erschien Lustig im Hawthorne Inn, dem Chicagoer Hauptquartier Capones, und wurde nach gründlicher Leibesvisitation und strenger Befragung, die er mit unerschütterlicher Ruhe bestand, tatsächlich zu Al Capone vorgelassen. Er erklärte dem Gangsterboß ein kompliziertes und reichlich phantastisches Projekt, durch das er in der Lage sei, jede Summe, die man ihm anvertraue, innerhalb von sechzig Tagen zu verdoppeln. Lustigs gepflegte Sprache, seine elegante Erscheinung und sein vornehmes Benehmen machten Eindruck, und Capone fragte, ohne lang zu überlegen, wieviel Geld er benötige. Fünfzigtausend, antwortete Lustig kaltblütig. Capone zog die Schublade seines Schreibtisches auf, entnahm einen Stoß Dollarnoten und zählte fünfzigtausend auf die Tischplatte. Mit drohender Geste gab er Lustig zu verstehen, daß er sein Geld nicht beim Fenster hinauswerfe und daß er in geschäftlichen Dingen keinen Spaß verstehe.

Lustig deponierte das Geld in einem Chicagoer Banksafe und verließ die Stadt. Er unternahm nichts, um es zu verdoppeln. Zwei Monate später kehrte er nach Chicago zurück, holte das Geld ab und traf einen wütenden Capone. Er sei zu spät, warf ihm Capone vor, und er lasse sich nicht verschaukeln. Lustig entschuldigte sich unterwürfig, es tue ihm leid, aber der Plan sei fehlgeschlagen. Die Situation wurde brenzlig, ein Leibwächter richtete seine Maschinenpistole auf ihn. Lustig griff hastig in die Brusttasche seines Mantels, zog einen Umschlag mit dem Geld heraus und legte es vor Capone auf den Tisch. Es fehlte kein einziger Schein. Nochmals versicherte Lustig inständig, wie peinlich ihm die Sache sei. Verblüfft sank Capone in seinen Stuhl; damit hatte er nicht gerechnet. Lustig nahm seinen Hut und wandte sich zum Gehen. Capone bat ihn zu warten, er wolle ihn für seine Ehrlichkeit belohnen. Er nahm fünf Tausend-Dollar-Noten aus dem Stoß und reichte sie Lustig, der sich mit einer tiefen Verbeugung bedankte und ging. Der falsche Graf hatte das Spiel gewonnen – und war am Leben geblieben.

So schwindelte sich Victor Lustig mit raffinierten Betrügereien unter vierundzwanzig Decknamen durchs Leben. Sein Wahlspruch: »Alles ist grau in grau, wenn ich nicht wenigstens ein Opfer am Horizont auftauchen sehe. Das Leben erscheint mir dann hohl und deprimierend. Ich verstehe die Ehrlichen nicht. Ihr Leben ist schrecklich und voller Langeweile.« Er wurde siebenundvierzigmal verhaftet, ohne daß man ihm etwas anhängen konnte. Schließlich aber unterlief ihm ein verhängnisvoller Fehler: Er brachte Falschgeld im Wert von mehr als einer Million Dollar in Umlauf und wurde überführt. Am 6. Dezember 1935 machte die *New York Times* mit der Schlagzeile auf: »Lustig erklärt sich der Banknotenfälschung schuldig«; vier Tage später verurteilte ihn Richter Alfred C. Coxe in New York zu zwanzig Jahren Zuchthaus. Nachdem er zehn Jahre in Alcatraz abgesessen hatte, trat durch einen Tumor im Gehirn eine halbseitige Lähmung auf, worauf man ihn nach Springfield, Missouri, in das Medical Center for Federal Prisoners brachte, wo er am 9. März 1947 an einer Lungenentzündung starb.

ELOISE WAGNER DE BOUSQUET

Kaiserin von Floreana

In der siebenten Skizze seiner phantastischen Erzählungen »Die verzauberten Inseln oder Encantadas« schildert Herman Melville, wie sich ein Kreole, ein Abenteurer aus Kuba, der auf peruanischer Seite gegen die Spanier gekämpft hat, zum Herrscher der südlichsten Galapagosinsel Floreana (die vormals Charles-Insel hieß) aufschwingt und mit seinem Hunderegiment, »deren schreckliches Bellen sich als ebenso dienlich wie Bajonette erwies«, seine Untertanen terrorisiert.

Mehr als hundert Jahre, nachdem der »Hundekönig« zur Flucht gezwungen worden war, landete im Oktober 1932 die Baronin Eloise Wagner de Bousquet mit ihren beiden Liebhabern in der von Seelöwen und Meerechsen bevölkerten Post Office Bay auf Floreana. An Land gebracht wurden Kisten mit Hausrat, zwei Kühe, zwei Esel, Hasen, Hühner, Enten, Truthähne, ein Bienenstock und siebzig Zentner Zement. Baronin Wagner war mit der irrwitzigen Absicht auf das vulkanische Eiland gekommen, hier ein Luxushotel für amerikanische Millionäre zu errichten. Die drei Aussteiger, in deren Gesellschaft sich noch ein kräftiger einheimischer Mestize namens Felipe Valdivieso befand, der als Arbeitssklave angeheuert worden war, schlugen ihr Lager zunächst in einer von norwegischen Auswanderern gegründeten, später aber wieder aufgegebenen Fischereistation an der unwirtlichen Küste auf.

Auf Floreana lebten zu dieser Zeit der »Naturmediziner« Dr. Friedrich Ritter und seine an multipler Sklerose erkrankte Freundin

Dore Strauch sowie die aus Köln stammende Familie Wittmer, Heinz und Margret mit ihrem kränkelnden Sohn Harry. Ritter war ein militanter Vegetarier, der aus wissenschaftlicher Neugier herausfinden wollte, ob das Zahnfleisch durch ständigen Gebrauch so hart würde, daß es die Zähne beim Kauen ersetzen könne. Deshalb hatten sich er und seine ihm ergebene Jüngerin Dore vor der Abreise alle Zähne ziehen lassen; allerdings sollte zu besonderen Anlässen – von beiden abwechselnd – ein rostfreies Stahlgebiß getragen werden. Heinz Wittmer war Sekretär des Kölner Oberbürgermeisters Konrad Adenauer, als er in der *Berliner Illustrierten* über die zwei deutschen Inselbewohner auf Floreana las. Die politischen Verhältnisse, die Scheidung von seiner ersten Frau und die labile Gesundheit seines Sohns bestärkten ihn, dem Beispiel Ritters zu folgen; Margret, die er 1931 geheiratet hatte, war von der Idee hellauf begeistert. Weniger begeistert war Dr. Ritter über die Ankömmlinge auf Floreana; es gab sogleich Streit und erbitterte Revierkämpfe. Seitdem ging man sich aus dem Weg.

Und dann betrat die Baronin die Bühne. Breitbeinig im Herrensitz kam sie auf einem Esel angeritten, eine kleine, vollbusige Frau mit platinblond gefärbtem Haar und Pferdegebiß, gekleidet wie eine Raubtierdompteuse mit einem Revolver im Patronengürtel. Ihre beiden Liebhaber zockelten kriecherisch-servil hinterdrein. Dore und Friedrich standen vor ihrem wellblechgedeckten Holzhaus und trauten ihren Augen nicht. Die Fremde stellte sich als die österreichische Baronin Eloise Wagner de Bousquet vor und bezeichnete ihre um etliches jüngeren Gefährten ohne Hemmungen als ihre Ehemänner. Der eine, Rudolf Lorenz, war ein schmächtiger, semmelblonder Weichling, der andere, Robert Philipson, ein großer Schönling mit schwarzem Lockenkopf und selbstgefälliger Miene. Im Laufe des Gesprächs erwähnte die Baronin, sie habe nach der Trennung von ihrem Ehemann, dem französischen Luftwaffenoffizier Bousquet, in Paris einen Modesalon eröffnet und Rudolf Lorenz als Geschäftsführer engagiert. Seinen Berliner Landsmann Philippson habe sie auf einer Kolonialausstellung im Bois de Vincennes kennen- und lieben gelernt. Angeregt durch die exotischen Bilder dieser Ausstellung, habe sie mit ihren beiden Buhlen beschlossen, auf Floreana ein neues Leben zu beginnen, wobei Zeitungsartikel über Ritters Robinsonade eine wesentliche Rolle spielten. Entsetzt über das Hotelprojekt notierte Ritter in sein Tagebuch, selbst am Ende der Welt finde man vor »diesen Bestien der Zivilisation« keine Ruhe.

Am nächsten Tag stiegen die Baronin und die beiden Männer zum Siedlungsplatz der Wittmers auf, der auf einer Anhöhe zweihundert Meter über dem Meer lag und den sie »Asilo de la Paz« nannten. Ohne vom Esel abzusteigen, fragte die Dame die überraschten Wittmers in herrischem Ton, wo die Quelle sei. Heinz zeigte ihnen die Farngrotte, aus der die Familie ihr Trinkwasser schöpfte. Fassungslos mußte Heinz Wittmer zusehen, wie sich die Baronin im Wasserbecken von Lorenz die Füße waschen ließ. Danach zog sie sich mit ihrem Liebhaber für ein Schäferstündchen in das Zelt zurück, das ihr Margret freundlicherweise überließ. Nicht genug der Provokation, eröffnete sie den Wittmers auch, sie werde in der Nähe in Margrets geliebtem Orangenhain ihr Camp aufschlagen.

Tatsächlich ließ die Baronin von ihrem handwerklich geschickten Arbeitssklaven Valdivieso im Hochland auf halbem Weg zwischen dem Anwesen »Frido« von Friedrich und Dore und jenem der Wittmers ihr »Luxushotel« errichten; nichts weiter als eine mit Wellblech gedeckte Holzbaracke mit zwei Räumen, die auf einem Zementfundament ruhte. In dem einen Raum, der als Vorratskammer diente, hauste Valdivieso, den anderen, größeren teilte sich die Baronin mit ihren Liebhabern. Auf zwei mit Damastdecken bezogenen breiten Chaiselongues wurde nachts geschlafen und tagsüber gesessen. Großtuerisch nannte sie den Platz »Hacienda Paradiso«.

Am Neujahrstag 1933 brachte Margret einen Sohn zur Welt, den sie Rolf nannte. Das erste auf Floreana geborene Kind stimmte alle fröhlich und versöhnlich. Selbst die »sexbesessene adlige Hexe«, wie sie später von Dore Strauch bezeichnet wurde, war friedlich und erschien zur Taufe mit ihren beiden Lovern, nicht im üblichen Reitdreß mit Revolver, sondern in einem duftigen Seidenkleid. Während des gemeinsamen Essens, zu dem auch Friedrich und Dore eingeladen waren, gewährte sie Einblick in ihr aufregendes Leben. Ihr adliger österreichischer Vater habe sie als Kind ins Osmanische Reich mitgenommen, wo er im Auftrag der Deutschen Bank den 1903 begonnenen Bau der Bagdadbahn beaufsichtigt habe. Im Ersten Weltkrieg sei sie in Konstantinopel als Tänzerin aufgetreten und habe wie Mata Hari Spionage für die Deutschen betrieben. Dort habe sie auch den aus reichem Haus stammenden französischen Piloten Bousquet geheiratet, der sie später in Pariser adlige Kreise einführte. Geschieden sei sie noch nicht, sagte sich lachend, aber Abwechslung sei die Würze des Lebens. Sie prahlte damit, acht Sprachen zu beherrschen und in Kunsthandwerk, Mode, Malerei und Literatur bewandert zu sein. Ihr Lieblingsbuch sei Oscar Wildes »Das Bildnis des Dorian Gray«, dessen amoralischer Tendenz sie leidenschaftlich nachzueifern schien.

Eines Tages tauchte Lorenz bei Friedrich und Dore auf. Er sah krank und abgemagert aus, sein Rücken und seine Hände waren zerschunden. Die Baronin habe ihn verstoßen, klagte er sein Leid, und Philipson bevorzugt. Er müsse alle schweren Arbeiten verrichten, und wenn er gegen ihre Willkür aufmucke oder Fehler begehe, bekomme sie Tobsuchtsanfälle und züchtige ihn mit der Peitsche. Um ihn daran zu hindern, die Flucht zu ergreifen, habe sie seine Dokumente und sein Geld versteckt. Und er klärte die beiden auf, was

tatsächlich in Paris geschehen war. Nicht Eloise, sondern er habe das Modegeschäft eröffnet, es sei auch kein eleganter Salon gewesen, sondern eine gewöhnliche Boutique. Aus Liebe habe er ihrem Drängen nachgegeben und sie zur Teilhaberin gemacht, ein schwerer Fehler, denn sie habe die Einnahmen in Nachtbars verschwendet, bis der Laden konkursreif gewesen sei. Zu diesem Zeitpunkt habe sie schon Philipson umgarnt und das Hotelprojekt auf Floreana geplant. Finanziell ruiniert und ihr hörig, sei ihm keine andere Wahl geblieben, als mitzukommen und sich mit dem Dreiecksverhältnis abzufinden.

Im Jänner 1933 ging, nicht zum ersten Mal, der amerikanische Milliardär Allan Hancock mit seiner luxuriösen Motorjacht »Velero III« in der Black Beach Bay vor Anker. Er besuchte Friedrich und Dore, die ihm von den neuen Siedlern und den Gemeinheiten der Baronin berichteten. Neugierig ließ er sich gemeinsam mit einigen Crewmitgliedern von Friedrich zur »Hacienda Paradiso« führen, wo sie von der Baronin überschwenglich empfangen wurden. Im »Salon«, bei Kaffee und Kuchen, wurde Hancock Zeuge einer dramatischen Szene. Der Mestize Valdivieso, der von dem ganzen Zauber schon lange genug hatte, bat den Jachteigner, ihn nach seiner Heimatinsel Isabela mitzunehmen. Darüber geriet die Baronin in Rage, warf ihm Vertragsbruch vor und richtete plötzlich ihren Revolver auf ihn. Hancock gab ihr brüsk zu verstehen, daß er Valdiviesos Wunsch nachkommen werde, worauf sie sich zähneknirschend geschlagen gab. Dafür lud sie der Amerikaner zu einem Musikabend an Bord seiner Jacht ein. Geschmeichelt kam sie, begleitet von Philipson, der Einladung nach. Aber auch diesem Publikum, Seeleuten und Wissenschaftern, tischte sie Geschichten auf, die ungläubiges Staunen hervorriefen. Sie sei, rühmte sie sich, eine Großnichte von Richard Wagner und Franz Liszt und habe außerdem gute Beziehungen zu Hollywood. Dann erzählte sie von einem Drehbuch, das sie im Kopf habe, eine autobiographisch gefärbte Abenteuergeschichte mit dem Titel »Die Kaiserin von Floreana«. Hancock lachte amüsiert und versprach, Filmproduzenten dafür zu interessieren, wenn er wieder in Los Angeles sei.

Einige Monate nach Hancocks Besuch brachte ein Dampfer Post und ecuadorianische Zeitungen, die mit haarsträubenden Schlagzeilen aufwarteten. »Revolution auf Pazifikinsel; Frau ernennt sich zur Kaiserin; lokale Opposition verhaftet!« Sogar die Londoner *Times* übernahm die reißerischen Meldungen und veröffentlichte einen Artikel, in dem es hieß: »Baronin reißt Macht auf Galapagosinsel an sich«. Überrascht las Friedrich Ritter, daß er sich ihrer Herrschaft widersetzt habe, gefangengenommen und in Ketten gelegt worden sei. Für Ritter war klar, daß dieser Unsinn nur von der psychopathischen Baronin selbst lanciert worden sein konnte, die damit ihr Machtstreben demonstrieren wollte. Anderseits sorgten solche Zeitungsmeldungen für enorme Publicity, was den Jachttourismus förderte, wovon die Baronin in reichlichem Maße profitierte. Daher beschloß sie, ihr »Hotel« auszubauen, bestellte vierhundert Wellblechplatten und vierzig Fensterrahmen und ließ von der Insel Santa Cruz einen Baumeister kommen, der sich aber alsbald getäuscht fühlte und aufgab. Eloise Wagner hingegen gab nicht auf, sondern schmiedete einen neuen, ebenso absonderlich anmutenden Plan: einen Zoo für zahlende Besucher im Norden der Insel bei Punta Cormorant. Diese unberührte Landzunge wurde bevölkert von einer Kolonie Seelöwen, von drachenähnlichen schwarzen Echsen, Fregattvögeln und Blautölpeln, und im seichten Wasser der nahen Lagune staksten Flamingos und Reiher. Doch auch dieses Projekt kam aus unbekannten Gründen nicht zustande.

Ende Jänner 1934 besuchte Allan Hancock wieder Floreana, und er hatte Wort gehalten. In seiner Begleitung befand sich der Regisseur, Drehbuchautor und Produzent Emory Johnson aus Hollywood, der sich für die Filmidee der Baronin interessierte. Das abenteuerliche Szenario war simpel gestrickt: Pablo Rolando und Rosa Fernandez reisen, frisch vermählt, von Lima aus mit dem Dampfer »Santa Rosa« in die Flitterwochen. In einem furchtbaren Orkan kentert das Schiff und geht unter. Das Paar überlebt gemeinsam mit drei Seeleuten in einem Rettungsboot, das auf Floreana strandet.

Hier herrscht eine »Kaiserin«, die die Schiffbrüchigen von ihren Bütteln gefangennehmen und vier Tage in einem Verlies schmachten läßt. Es gelingt die Flucht von der Insel, und mit ihrem Boot rudern sie ins offene Meer. Nicht genug des Schreckens, wollen die Matrosen auch noch Rosa vergewaltigen, aber mutig bringt Pablo alle drei um. Gerettet wird das Paar von einem Dampfer, der es wohlbehalten nach Guayaquil in Ecuador bringt.

In der Post Office Bay begann Emory Johnson mit Probeaufnahmen für »Die Kaiserin von Floreana«. Die Baronin spielte, leichtbekleidet, natürlich die »Kaiserin«, ihr Galan Robert Philipson, halbnackt, ihren treu ergebenen Waffengefährten. Johnson scheint von den Darbietungen nicht überzeugt gewesen zu sein, denn auch dieses Unternehmen verlief im Sand.

Eine Hitzewelle ließ die Vegetation auf Floreana verdorren, aus den Gärten der Siedler war nichts mehr zu ernten. Auf der »Hacienda Paradiso« lebte man von Konserven, Getreidevorräten und ein wenig Kuhmilch. Besonders davon betroffen war der in Ungnade gefallene Rudolf Lorenz, den die Baronin, um Proviant zu sparen, hungern ließ. In seiner Verzweiflung flehte er seine Herrin an, ihm seine Wertsachen zurückzugeben und ihn gehen zu lassen. Herzlos beschimpfte sie ihn als Hund, als nichtsnutzigen Bastard, der verschwinden solle. Lorenz flüchtete zu den Wittmers, die ihn langsam wieder aufpäppelten. Gegenüber Margret erwähnte er, Philipson habe ihm gedroht, er werde ihn umbringen, wenn er sich noch einmal blicken lasse.

Im März 1934 verließ Lorenz das Haus der Wittmers und kam erst nach zwei Tagen wieder. Sichtlich erleichtert berichtete er, die Baronin und Philipson hätten anscheinend die Insel verlassen, da die Hacienda bis auf wenige Gegenstände leer sei; auch die Esel seien fort. Am 1. April trafen sich alle, um die verlassene Hacienda zu besichtigen. Dabei fiel auf, daß der sonst verdreckte »Salon« sauber aufgeräumt war, daß die Baronin sogar ihre gerahmten Familienfotos und selbst ihr Lieblingsbuch, »Dorian Gray«, zurückgelassen hatte. Sowohl die Wittmers als auch Friedrich und Dore ahnten, daß der gequälte Lorenz in seiner Todesangst und aus Rache die Baronin und Philipson ermordet haben mußte. Doch wie hatte dieser verstörte, abgemagerte Mann einen raffinierten Mord (keine Leichen oder Spuren) ohne fremde Hilfe begehen können? Jemand mußte ihm geholfen haben. War es Friedrich Ritter, der immer wieder meinte, man müsse sich kraft des Willens behaupten, notfalls mit Brutalität? Eines ist jedenfalls gewiß: Die »Kaiserin von Floreana« und ihr Geliebter Robert Philipson blieben für immer verschwunden.

Randbemerkung VI

Anfang des 20. Jahrhunderts hielt man die Existenz der Darmflora noch für eine Krankheit, die man »intestinale Toxämie« nannte. Maßgeblich an diesem Irrtum beteiligt war der Schotte Sir William Arbuthnot Lane (1856–1943), einer der angesehensten und einflußreichsten Chirurgen seiner Zeit. Lane löste eine gefährliche medizinische Modewelle aus: die chirurgische Entfernung des Dickdarms.

Er ging davon aus, daß der Dickdarm des Menschen keinerlei Funktion habe, lediglich eine nutzlose Röhre aus Gewebe und Muskeln sei, und daß die »autointoxication«, also die Selbstvergiftung, Ursache für eine ganze Reihe von Krankheiten sei, darunter auch Krebs und Tuberkulose. Patienten, die wegen kleinerer Beschwerden zu ihm kamen, schnitt er routinemäßig den vermeintlich überflüssigen Dickdarm heraus. Seine Theorie machte Schule; vor allem in Großbritannien war kein Dickdarm mehr vor Lanes Anhängern sicher.

HERR M.

Erfinder

Die Stubenfliege, dieses zur Plage ersonnene Geschöpf, lebt seit den Tagen des Sündenfalls mit dem Menschen, und seit diesen Tagen verachtet und verfolgt er sie. Schon die Griechen waren des Zweiflüglers so überdrüssig, daß zur Abwehr der Plage eigens ein Sondergott namens Myiodes geschaffen wurde, dem, wie Plinius berichtete, in Olympia vor dem Hauptfest ein Stier als Opfer dargebracht wurde. Ob der Heros als Fliegenschreck erfolgreich war, oder ob man auf handfestere Mittel zurückgriff, bleibt ungewiß.

Jedenfalls haben sich die Menschen stets verbissen und gnadenlos der Jagd nach den aufdringlichen Insekten hingegeben. Zu den altbewährten Waffen der Fliegenbekämpfung zählen nach wie vor der mit Leim überzogene Papierstreifen, an dem die Quälgeister klebenbleiben, wenn sie sich draufsetzen, und natürlich die Fliegenklatsche, die mit der Absicht geschwungen wird, die Fliege mit einem Streich zu erschlagen. »Und fröhlich sieht er das Insekt / Am Boden leblos ausgestreckt«, heißt es bei Wilhelm Busch.

Nach einem erfolgreichen Schlag liegt die Fliege tot und oft zerquetscht am Boden, auf dem Tisch oder anderswo und wird üblicherweise mit den Fingern aufgehoben und in den Müll geworfen.

Das sei höchst unappetitlich, befand Herr M. aus Oberösterreich eines Tages und begann darüber nachzudenken, wie die Entsorgung der getöteten Fliegen mit mehr Hygiene ablaufen könnte.

Die Lösung, die der ehemalige Fuhrunternehmer fand, ist ebenso einfach wie raffiniert: einen Luftbalg aus Gummi oder Kunststoff, der am unteren Ende des Stiels einer Fliegenklatsche angeschraubt und mit einem Saugröhrchen versehen ist. Wird nun der Balg mit der Hand zusammengedrückt und schnell wieder losgelassen, befördert die Saugwirkung die getötete Fliege durch das Röhrchen in das Innere des Balgs, ohne daß sie mit den Fingern in Berührung gekommen ist.

Am 3. März 1998 nahm das Österreichische Patentamt den Antrag Herrn M.s auf Erteilung eines Patents entgegen und versah ihn mit der Geschäftszahl A 368/98-1. Nach mehr als sieben Monaten war die Vorprüfung gemäß § 99 des Patentgesetzes abgeschlossen, das Ergebnis für den Erfinder allerdings enttäuschend. Es könne, beschied das Patentamt, »im Anmeldungsgegenstand kein erfinderischer Vorschlag im Sinne des Patentgesetzes erblickt werden«, weil eine Fliegenklatsche mit Saugvorrichtung bereits erfunden worden sei, und zwar von Mister Samuel R. Tunnell aus Pacific Grove in Kalifornien. Sein »Fly Swatter Handles (for picking up and collecting dead insects)« wurde im August 1965 vom United States Patent Office unter der Nummer 3,203,135 patentiert.

Über den Österreichischen Patentinhaber- und Erfinderverband nahm Herr M. Stellung zum Vorbescheid: Die Erfindung von Mister Tunnell unterscheide sich ganz wesentlich von seiner, die »Fördereinrichtung« der amerikanischen Fliegenklatsche sei eine komplizierte Druckpumpe, seine Vorrichtung hingegen bedürfe keiner »ineinander beweglicher Teile, ist somit im Aufbau äußerst einfach und demgemäß auch kostengünstiger«. Der Brief endete mit dem Ersuchen, die großen Unterschiede der beiden Erfindungen zu akzeptieren und die Patentanmeldung weiterzuverfolgen.

Für eine Patentierung reichte es dennoch nicht. Die Prüfer des Patentamtes sahen in der M.schen Fliegenklatsche keinen ausreichend hohen Erfindungsgehalt und wandelten das Erteilungsverfahren in eine Gebrauchsmusteranmeldung um.

ROBERT WHITE

Frankenstein

Ein neunzehnjähriges Mädchen, witzelt Dr. Robert White gern, »hat meine Karriere zerstört«. Gemeint ist Mary Wollstonecraft Shelley, die junge Autorin des Buches »Frankenstein oder Der moderne Prometheus«. Der heute einundachtzigjährige White, ehemals Universitätsprofessor und Direktor der neurochirurgischen Abteilung am MetroHealth Medical Center in Cleveland, Ohio, erregt seit nunmehr bald vierzig Jahren mit seinen höchst eigenwilligen Ideen immer wieder die Gemüter. Man nennt ihn den Frankenstein des 21. Jahrhunderts, ja sogar als Monster wird er beschimpft. Kollegen haben ihm nachgesagt, geltungssüchtig zu sein und einer Utopie nachzuhängen. Davon läßt sich der launige Herr im weißen Kittel nicht abschrecken: Er will Köpfe von unheilbar Kranken, beispielsweise Querschnittgelähmten, auf gesunde Körper von Hirntoten pflanzen.

Unbeirrt glaubt er, daß nur dem Gehirn Bedeutung zukomme, während der »Restkörper« ein beliebig nutzbares Ersatzteillager, ein »Powerpack«, eine Kraftstation, eine Versorgungseinheit für das Gehirn darstelle. Und er bleibt dabei: Einen menschlichen Körper unter einen Kopf zu montieren, sei schon heute machbar. In Experimenten mit Rhesusaffen führte Dr. White 1970 erstmals die, wie er es nennt, Ganzkörper-Transplantation durch. Die dabei angewandte Operationstechnik erklärte er in einem Interview vor ein paar Jahren so: »Wir haben einen Affen A und einen Affen B. Dem letzteren nehmen wir den Kopf ab; es verbleibt der B-Körper. Dann entfernen wir dem A-Affen den Kopf mit Hirn und transferieren ihn auf den B-Körper. Wir hatten natürlich einige Mißerfolge, was auf Probleme mit der Hirnkonservierung und der Verbindung der Blutgefäße zurückzuführen ist, aber schließlich konnten wir einen B-Körper mit wachem A-Hirn präparieren. Das wurde richtig gefährlich: Der A-Kopf erkannte nicht nur Dinge, folgte mit den Augen, sondern er schnappte auch nach meinem Finger, wenn ich ihn in die Nähe seines Mundes brachte. Er konnte sehen, hören, schmecken und so weiter. Also, es klappte.«

Auf die Frage, was seine Versuchsaffen für Gefühle entwickelt hätten, gab Dr. White zu: »Oh, natürlich haben sie gelitten. Aber sie haben nur Schmerzen vom Nacken an aufwärts gehabt; die Partie, an der der Halsschnitt stattfand, war unter Lokalanästhesie, und den neuen Körper können sie sowieso nicht fühlen. Es gibt keine Verbindung der Nervenbahnen, die Spinalnerven sind gekappt. Es wird später auch nur darum gehen, den Blutkreislauf zu regeln und die Organe arbeiten zu lassen. Also, Affen sind intelligente Tiere, sie haben sicherlich ihre Bewegungsunfähigkeit bemerkt. Beim Sensorium bin ich mir nicht sicher; ich glaube nicht, daß sie das kapieren. Aber ich bin kein Affen-Psychiater, deshalb kann ich darüber wenig sagen. Die Tiere fühlten sich sehr unwohl.« (Und haben die zweite Woche nach dem Eingriff nicht überlebt.)

Nach den Tierversuchen stellte sich für Dr. White die Frage, ob man das auch beim Menschen machen könne und ob es als Voraussetzung ausreiche, an einer Gruppe von Affen zu zeigen, daß sie nach einer Kopftransplantation mindestens ein Jahr überlebten. Ja, sagte Dr. White; wenn sich diese Experimente wiederholen ließen und man den Tieren die richtigen Medikamente gegen Organabstoßung gebe, könne man genügend Erfahrungen für den Eingriff am Menschen sammeln. Das Gehirn würde erstaunlicherweise ohnehin weniger schnell abgestoßen als andere Organe. Beim Menschen sei der Eingriff sogar leichter als bei Affen, weil deren Blutgefäße viel kleiner seien. Er habe also das Material und die Technik. Was fehle, sei das Geld. Er brauche fünf bis zehn Millionen Dollar, um eine solche Operation auszuführen.

Dr. White hat keine Zweifel, daß diese Operation einmal durchgeführt wird; wahrscheinlich, sagt er, sei es in den nächsten zehn Jahren soweit. Es seien genug Information darüber verfügbar, so daß es vielleicht die Chinesen machen oder die Russen.

Und wo bleiben Ethik und Moral? Dr. White erinnert an Menschen, die vom Hals abwärts gelähmt sind, wie beispielsweise der Astrophysiker Stephen Hawking, dessen Organe allmählich versagen werden und der irgendwann sterben muß, obwohl sein Gehirn voll funktionstüchtig ist. Diesen Menschen könne geholfen werden, wenn man ihren starren Körper vom Kopf abtrenne und durch einen gesunden Körper ersetze. Der Mensch ändere sich in seinem Wesen nicht, ist Dr. White überzeugt, wenn das zu rettende Gehirn von einem fremden Körper versorgt werde. Aus Sicht der Ethik, meint Dr. White, sei das sehr einfach: Sterben oder Weiterleben. Ein gigantischer Sturm tobe auf dem Meer der Ethik und Moral, und dafür gebe es keine Karten, keine Navigationshilfen.

Der gläubige Katholik White ist Mitglied der vatikanischen Pontifikalakademie der Wissenschaften, und er hatte gute Kontakte zu Johannes Paul II., den er in Fragen der Bioethik, wie der des Hirntodes oder der Genforschung, beriet. Er habe wohl mit dem Papst oft über Organtransplantationen im allgemeinen debattiert, seine Arbeit an der Ganzkörper-Transplantation sei aber dabei nicht zur Sprache gekommen, weil der Papst nicht danach gefragt habe; schließlich sei der Pontifex derjenige, der die Themen anschneide. Und außerdem würde sich die Kirche heute vorsehen, einen modernen Galileo Galilei schaffen zu wollen.

Einmal wurde Dr. White darauf angesprochen, ob seine Methode nicht ohnehin überholt sei, da inzwischen Stammzellen zerstörte Gewebe ersetzen sollen. »Das ist eine ganz andere Sache«, widersprach der Chirurg. »Das Problem der Stammzellen ist, daß wir nicht wissen, wie man daraus Organe formt. Wir wissen noch nicht mal genau, wie man sie dazu bringt, Herzmuskelzellen oder Hirnzellen zu bilden. Man hat menschliche Fötalzellen in das Gehirn von Parkinson-Patienten gespritzt. Einigen ging es, wie eine Studie zeigte, tragischerweise hinterher schlechter. Man kann eben nicht mit dem Hirn herumspielen. Man kann es aber herausnehmen und es am Leben erhalten – oder man läßt es besser im Schädel.«

Gut, lassen wir dem seltsamen Chirurgen aus Cleveland seine Science-fiction; lassen wir die Fachwelt verständnislos den Kopf schütteln und ihn, Dr. White, weiter davon träumen, als erster Mediziner einen neuen Körper mit dem alten Kopf verbinden zu können (was in Anbetracht seines hohen Alters eher unwahrscheinlich ist). Noch bleibt der Kopf dort, wo er ist!

HELMUT FLATZELSTEINER

Grabschänder

In der Nacht vom 29. auf den 30. Jänner 1889 vollzog sich im Jagdschloß Mayerling eine Tragödie, welche die österreichisch-ungarische Monarchie tief erschütterte und wilde Mutmaßungen und Gerüchte entfachte. In den Morgenstunden des 30. Jänner fanden Graf Hoyos und der Kammerdiener Loschek Kronprinz Rudolf und seine heimliche Geliebte, die junge Baronesse Mary Vetsera, im Schlafgemach erschossen auf. Daß der Thronfolger nicht allein den Tod gefunden hatte, wurde bis zum Ende der Monarchie offiziell nie zugegeben. Verstohlen wurde die Baronesse, bekleidet mit Pelzmantel und Hut, von ihren Onkeln, den Grafen Stockau und Baltazzi, in einer Kutsche auf den Ortsfriedhof von Heiligenkreuz gefahren und am Morgen des 1. Februar bei Sturm und Regen in einem eilig ausgehobenen Erdgrab in einem einfachen Holzsarg bestattet. Erst im Mai 1889 wurde Mary Vetsera in einen prunkvollen Kupfersarg umgebettet und in einer neuen Gruft, die ihre Mutter Helene bauen hatte lassen, beigesetzt. Auf dem Bruchsteinsockel, der von einem Marmorkreuz bekrönt ist, steht ein Spruch aus dem Buch Ijob (14,2): »Wie eine Blume sprosst der Mensch auf und wird gebrochen.«

In den Apriltagen des Jahres 1945 war Heiligenkreuz Kriegsschauplatz. Sowjetische Geschützbatterien bezogen Stellung beim hochgelegenen Friedhof und beschossen die Gemeinde Alland. Während dieser Zeit wurden etliche Grabstätten des Friedhofs von Rotarmisten offensichtlich nach Schmuck durchsucht. Auch die Gruft der

Baronesse wurde gewaltsam geöffnet und der Kupfersarg aufgebrochen. Vierzehn Jahre später wurden die Gebeine der Baronesse auf Betreiben einer vermögenden Dame aus Triest namens Resy Müllner, deren Großvater Leibjäger bei Kaiser Franz Joseph gewesen war, in einen neuen Sarg aus Zinn gelegt, zur vermeintlich letzten Ruhe.

In einer Julinacht des Jahres 1991 schlichen sich drei Männer in dunkler Arbeitskleidung in den Friedhof von Heiligenkreuz und machten sich an der Gruft von Mary Vetsera zu schaffen. Mit Hilfe von vier großen Holzkeilen und zwei Wagenhebern hoben sie die vorderste der drei schweren Grabplatten an, legten Eisenstangen darunter und schoben sie ruckweise auf bereitliegende Holzklötze. Einer der Männer war Helmut Flatzelsteiner, der die »Aktion Mary dear«, wie er sie nannte, peinlich genau geplant hatte. In einem Zeitungsinterview antwortete er auf die Frage, ob er nicht Angst gehabt habe, erwischt zu werden: »Ehrlich gesagt, ich hatte die Hosen gestrichen voll. Das war nichts für schwache Nerven.« Im Licht zweier Taschenlampen stieg Herr Flatzelsteiner auf einer Leiter in die finstere Gruft hinunter und schlang einen Transportgurt um den Zinnsarg, den er dann gemeinsam mit seinen Helfern an die Oberfläche zog. Dabei mußte der Sarg gekippt werden, wodurch die sterblichen Reste Marys nach unten rutschten. »Ordentlich schaurig«, meinte Herr Flatzelsteiner, »wenn um Mitternacht am Friedhof plötzlich Gebeine klimpern.« Sorgfältig, ohne Spuren zu hinterlassen, mußte die Gruft wieder zugedeckt werden. In einem Lieferwagen wurde der Sarg, gut verpackt in Papier und Plastikfolien, in sein Möbellager nach Linz transportiert; Herr Flatzelsteiner, Jahrgang 1939, handelt nämlich mit Möbeln. Im Keller seines Lokals schnitt er mit einer Trennscheibe die Lötnaht des Zinnsargs auf und staunte: »Es hat immer geheißen, der Sarg ist leer, doch es war alles drinnen: Skelett, Kleidung, Haare, Schuhe. Nur alles durcheinander, und gestunken hat die Vetsera wie der Teufel.«

Unter dem Vorwand, seine tschechische Urgroßmutter untersuchen lassen zu wollen, konsultierte Herr Flatzelsteiner zwei Gerichtsmediziner, Professor Klaus Jarosch aus Linz und Professor Johann Szilvássy aus Wien, die Marys fast vollständiges Skelett unabhängig voneinander untersuchten. In seinem Gutachten attestierte Professor Jarosch, daß der Schädel gebrochen und zur Frage eines Schusses zu bemerken sei, »daß die Öffnung links seitlich vom Auge grundsätzlich möglich wäre mit einer Zertrümmerung des Schädels auf der rechten Seite, weil hier Ausbrüche bestehen. Jedenfalls zeigt der Schädel Mehrfachbrüche, die nicht ohne weiteres erklärbar sind. Es könnte hier die Todesursache gelegen gewesen sein.«

Es fällt wahrlich schwer, die aufwendige, aber auch unappetitliche und strafbare Aktion zu begreifen, war doch so gut wie sicher, daß die Baronesse vom Kronprinzen erschossen worden war. Ein Buch sei der Anlaß gewesen, erklärte Herr Flatzelsteiner, »Mayerling: Die Lösung des Rätsels« von Gerd Holler. Darin vertritt der Autor die »skurrile« These, wie er selbst meint, Mary Vetsera sei an den Folgen einer mißglückten Abtreibung verblutet; ferner heißt es am Schluß des Buches, solange der Friedhof von Heiligenkreuz bestehe, werde die Gruft ungeöffnet bleiben. Marys Schädel und ihre Gebeine werde niemand mehr zu Gesicht bekommen. Schluß! Fertig! Basta!

Der »unumstößliche« Entschluß, Hollers Aussagen widerlegen zu müssen, sei über ihn gekommen wie ein Blitz aus heiterem Himmel, rechtfertigte sich Herr Flatzelsteiner. Es habe nur eine Lösung gegeben: als »Amateurforscher« bei Nacht und Nebel die berühmten Gebeine »auszuleihen« (nicht zu rauben), um »Klarheit über den Tod der Vetsera zu schaffen«.

Habe er sich gar in Mary verliebt, fragte sich Herr Flatzelsteiner ernsthaft nach der Tat; sei er in einer Art von perversem Trieb einer Toten verfallen? Nein, verrückt sei er nicht, wie so manche Zeitungsmenschen behauptet hatten, er sei auch kein Hellseher, doch er habe in Trance die Empfindungen von Rudolf und Mary miterleben können. In einem Anfall von Melancholie, gestand er, »drängten sich Bilder vor mein inneres Auge, die zeitweise wie ein Film abliefen. Nachdem ich mich in dieser Zeit intensiv mit den Vorgängen in Mayerling beschäftigt hatte, tauchten, blitzartig, die Gestalten von Kronprinz Rudolf und Mary Vetsera vor mir auf. Es war mir, als würden die Empfindungen dieser beiden Personen wie mit unsichtbaren Armen nach mir greifen: Ich konnte sie nicht nur beobachten; ich konnte quasi auch miterleben, was sie fühlten. So haben sie in ihren letzten Stunden abwechselnd im Sitzen und im Aufundabgehen ständig intensiv und sehr ernsthaft miteinander gesprochen, sich dabei umarmt oder an den Händen gehalten. Es hat keinen sexuellen Kontakt mehr gegeben. Sie haben Champagner getrunken, Rudolf mit Kognak, wobei er offensichtlich seit längerer Zeit, vielleicht schon seit Tagen, nicht mehr nüchtern gewesen sein und auch kaum geschlafen haben dürfte. Wechselweise haben sie sich dabei in ihren Stimmungen aufgeschaukelt. Zuletzt haben sie dann ihre Gläser an die Wand geworfen ...«

Nun schien alles geklärt; der Möbelhändler, ruhig und ausgeglichen, wie er bemerkte, konnte es sich gemütlich machen und Erich Fromms Buch »Wege und Irrwege der Selbsterfahrung« zu Ende lesen. Er ahnte nicht, daß er sich sozusagen im Zentrum des Zyklons befand, der alsbald über ihn hinwegfegen sollte. Zunächst verkaufte Herr Flatzelsteiner die Grabraubgeschichte der *Kronenzeitung*, wobei er dem Herausgeber vorlog, den Sarg von zwei Unbekannten um dreißigtausend Schilling erworben zu haben. Im Dezember 1992 erstattete ein Journalist der Zeitung, wie vereinbart, Anzeige bei der Wiener Sicherheitsdirektion. Der Sarg samt Inhalt wurde von der Polizei sichergestellt, die Gruft in Heiligenkreuz zur Überprüfung geöffnet – ein Medienwirbel sondergleichen. Als Herr Flatzelsteiner begriff, daß er in der Affäre möglicherweise an Bedeutung verlieren könnte, gab er zu, die Tat selbst begangen zu haben. Nun tobten sich die Zeitungen empört aus: »Eiskalter Geschäftsmann vom Mayerling-Wahn befallen«, »Ein besessener Frevler und Leichenschänder«, und man zweifelte an seinem Geisteszustand.

Das Ende kam überraschend. Nach etlichen Verhören und einer Hausdurchsuchung entging Herr Flatzelsteiner, o Wunder, wegen Verjährung der Tat der strafrechtlichen Verfolgung. Nun konnte er sich endlich hinsetzen und ein Buch schreiben mit dem umständlichen, etwas anmaßenden Titel: »Meine Mary Vetsera. Mayerling: Die Tragödie gibt ihr Geheimnis preis. Authentische Schilderung der Entführung aus der Gruft«.

Randbemerkung VII

Interview aus *Die Zeit* (14/2006) mit Wolfgang Schneider, Leiter des Anima-Loci-Instituts in Quedlinburg; geführt von Astrid Viciano:

Herr Schneider, Sie geben Seminare zu »geistigen Gründen der Vogelgrippe«. Was sollen die Kursteilnehmer bei Ihnen lernen?
Sie sollen sich in die Seele des Schwans einfühlen lernen und der Natur näherkommen. Denn es ist sicher kein Zufall, daß auf Rügen so viele Schwäne an Vogelgrippe starben.

Was macht diesen Vogel so besonders?
Schon bei den Kelten und Germanen war er ein Symbol für den Übergang vom Leben zum Tod. Sie glaubten, die menschliche Seele flöge nach dem Tod in Form eines Schwans davon. Daß gerade diese grazilen Tiere erkrankt sind, hat mich betroffen gemacht. Es zeigt uns den Konflikt des Menschen mit der Natur, macht uns deutlich, wie seelenlos wir mit Tieren umgehen. Und die Insel Rügen spielt dabei eine besondere Rolle.

Inwiefern?
Wenn Sie genau hinsehen, werden Sie feststellen, daß die Form der Insel an einen Vogel erinnert. Zudem berührt ihre Natur die Besucher – vor allem die Boddenlandschaft, die sich nicht nur an den Küsten ausbreitet, sondern auch mitten auf der Insel zu finden ist. Sie gibt Rügen eine besondere seelische Qualität. Daß ausgerechnet

dort die Vogelgrippe begann, sollte uns Menschen eine Warnung sein. Es zeigt, daß wir es in Wahrheit mit einer Krankheit der Seele zu tun haben. Darum haben wir uns mit Hilfe einer rhythmischen Verreibung dem Geist des Schwans genähert.

Was heißt das?
Wir haben in allen vier Phasen der Prozedur eine Schale mit Milchzucker herumgereicht, der mit einem Mörser immer weiter zerrieben wurde. Dabei sollten die Teilnehmer über die Bilder sprechen, die in ihren Köpfen entstanden. Das geht von der ätherischen Wahrnehmung des Schwans in Phase eins über die emotionalen und mentalen Eindrücke bis hin zu den sakralen Aspekten des Tiers, die oft geleugnet werden.

Wie meinen Sie das?
Wir Menschen sind so auf uns selbst fixiert, daß wir oft vergessen, daß auch Tiere wie der Schwan eine Seele haben. Die Massentierhaltung ist ein Zeichen dafür, wie sehr wir Menschen geistig verarmen.

Was tun Sie dagegen?
Wir zeigen unsere Verbundenheit mit der Natur, indem wir Skulpturen aus Stein bauen. Auf Rügen haben wir statt dessen die Wittower Fähre besucht – den Ort, an dem die Seuche ihren Anfang nahm – und ein Symbol aus Schwan und Mensch in den Schnee gezeichnet.

FRED A. LEUCHTER JR.

Dr. Death

»Die Todesstrafe fördert die menschliche Würde nicht, sondern setzt sie herab und mit ihr den Staat, in dem sich die menschliche Gesellschaft organisiert hat«, schreibt der Historiker Richard J. Evans in seinem Werk »Rituale der Vergeltung«. Die Vereinigten Staaten sind das einzige Land der westlichen Welt, in dem die Todesstrafe noch immer vollstreckt wird. Einer, der im Hinrichtungsgeschäft das große Geld machte, ist Fred A. Leuchter aus Boston. Seine Firma Fred A. Leuchter Associates, Inc. hat es zu Amerikas führendem Hersteller von Ausrüstungen zum Töten von Menschen gebracht. Er lieferte und verbesserte Galgen, Gaskammern und elektrische Stühle. In den frühen achtziger Jahren begann man, zum Tod Verurteilte mit der Giftspritze ins Jenseits zu befördern, weil die Behörden diese Methode als »humaner« als das Grillen oder Vergasen erachteten. Gar zu oft ereigneten sich sowohl auf dem elektrischen Stuhl als auch in den Gaskammern grauenhafte Pannen. Eine der brutalsten Hinrichtungen fand am 4. Mai 1990 im Florida State Prison statt. Dem Delinquenten Jesse Tafero mußten insgesamt drei Zweitausend-Volt-Stromstöße durch den Körper gejagt werden, bis er tot war, wobei blau-orangefarbene Flammen und Rauch aus seiner ledernen Kopfmaske schlugen; Tafero wurde regelrecht bei lebendigem Leib gegrillt, weil der elektrische Stuhl schadhaft war.

Auch die Giftspritze, nicht nur als »humaner«, sondern auch als »hygienisch« geschätzt, funktionierte zunächst nicht so, wie es sein sollte. In Texas platzte einmal der Schlauch, der das tödliche Gift in die Vene des Todeskandidaten leiten sollte, wodurch sich sein Todeskampf über vierundzwanzig Minuten hinzog; ein anderes Mal lag der Verurteilte über vierzig Minuten festgeschnallt auf der Liege, weil die Vollzugsbeamten vergeblich versuchten, die Kanüle in eine seiner Venen zu stechen.

Der Ruf nach einem »Gerät« statt der Spritze wurde immer lauter, und der geschäftstüchtige Leuchter witterte Morgenluft. Als im Bundesstaat New Jersey ein Gesetz verabschiedet wurde, das die Exekution mit Starkstrom durch die Giftspritze ablöste, wurde er beauftragt, ein solches Gerät zu entwickeln. Er entwarf ein »modulares Injektionssystem«, Katalogbezeichnung »Lethal Injection Machine«, zum Preis von dreißigtausend Dollar. Zum Einsatz kam die Injektionsmaschine das erste Mal am 6. Jänner 1989 im Staatsgefängnis von Missouri, um einen Mörder namens George »Tiny« Mercer hinzurichten. Er habe, so Leuchters Argument, nicht zu entscheiden, ob der Betreffende hingerichtet werden solle oder nicht. Sein Job sei bloß, dafür zu sorgen, daß er »würdig« und »professionell« hingerichtet werde.

Am 18. Oktober 1990 erschien in der *New York Times* ein Artikel über Leuchter und seine Injektionsmaschine. Unter der Überschrift »Dr. Death and His Wonderful Machine« war zu lesen: »Da die Todesstrafe im Augenblick wieder gefragt ist, müßte Fred Leuchter eigentlich der Mann der Stunde sein. Staaten, die nach neuem oder verbessertem Hinrichtungsgerät suchen, steht er jederzeit mit fachlichem Rat zur Verfügung. Als Missouri eine letale Injektionsmaschine brauchte, trat er nicht nur als preisgünstiger, sondern als alleiniger Anbieter auf. Aber Mr. Leuchter konstruiert lediglich Todesmaschinen: Den Markt dafür schaffen andere.«

Fred A. Leuchter, Jahrgang 1943, wuchs in Massachusetts auf, studierte am College Geschichte und erwarb den niedrigsten akademischen Grad (Bachelor). Mit seiner Frau Caroline bewohnt er ein zweistöckiges Haus in Malden, einem Vorort von Boston. Sein Vater, Fred senior, arbeitete als Fahrer für die Strafanstalten in Massachusetts und wurde später zum Transportleiter befördert. An den Wochenenden und in den Schulferien begleitete der Junior seinen Dad, wenn dieser Material oder Häftlinge von einer Haftanstalt zur anderen zu befördern hatte. Als Kind, verriet er in einem Interview, habe ihn die Welt der Gefängnisse fasziniert. Seine erste Anstellung fand er bei North East Aerial Photos, wo er zunächst damit beschäftigt war, aus alten Teilen, die noch aus dem Zweiten Weltkrieg stammten, optische Geräte für Luftaufnahmen zusammenzubauen. Er war strebsam und in technischen Dingen begabt und brachte es bis zum Technischen Direktor. Aber er wollte unabhängig sein, die Ideen, die er hatte, selbst verwirklichen; also gründete er eine Firma, American Engineering (die er später in Fred A. Leuchter Associates umbenannte), und begann in einem Kellergeschoß in Boston mit der Entwicklung und Herstellung von Exekutionsgeräten. Großtuerisch gab er sich den Titel Chefingenieur, obwohl er kein entsprechendes Diplom hatte, was ihn später in Schwierigkeiten bringen sollte. Einem Reporter der *New York Times* erklärte er, aus welchem Grund er sich mit »execution hardware« zu befassen begonnen habe: Er sei ein Befürworter der Todesstrafe, aber er befürworte nicht die Todesfolter: »That's why I got involved in the execution business.« Alle Todeskandidaten hätten ein Recht darauf, mit sachgerechtem Gerät hingerichtet zu werden.

Im Juli 1990 sandte der stellvertretende Generalstaatsanwalt von Alabama, Ed Carnes, ein Memorandum an alle Bundesstaaten, welche die Todesstrafe praktizierten, worin er vor Leuchter als Exekutionsexperten warnte, seine Sachkenntnis und Seriosität anzweifelte und darauf hinwies, daß er weder, wie er vorgab, ein Ingenieur sei noch über eine medizinische Ausbildung verfüge. In Illinois, wo Leuchters letale Injektionsmaschine ebenfalls eingesetzt wurde, bezeugte Dr. Edward Brunner vom Department für Anästhesie der Feinberg School of Medicine an der Northwestern University in einem Prozeß vor dem Chicagoer Bundesgericht unter Eid, daß das System Leuchter dem Delinquenten extreme Schmerzen zufüge, die durch das Kaliumchlorid in der Giftmischung entstünden. Daraufhin stornierte das Department of Corrections im August 1990 Leuchters »Execution-support«-Vertrag.

Es ging bergab mit Fred A. Leuchter, der sich als Opfer einer böswilligen Kampagne sah. Dafür gab es schwerwiegende Gründe, die nichts mit seinem Hinrichtungsgeschäft zu tun hatten.

Im Jänner 1988 hatte im kanadischen Toronto der Prozeß gegen Ernst Zündel begonnen, einen Deutsch-Kanadier und notorischen Holocaust-Leugner, der wegen Verbreitung einer Broschüre mit dem Titel »Starben wirklich sechs Millionen?« angeklagt war. Über Vermittlung des berüchtigten Revisionisten Robert Faurisson beauftragte Zündel den »Ingenieur« aus Boston, als Gaskammerexperte ein Gutachten zu erstellen und vor Gericht auszusagen. Leuchter fuhr in Begleitung seiner Frau Caroline, seines technischen Zeichners, eines Kameramanns und eines Dolmetschers nach Polen, um (ohne Genehmigung) die Gaskammern in den Konzentrationslagern Auschwitz, Birkenau und Majdanek zu untersuchen. Wunschgemäß kam er zu dem Ergebnis, daß die Anlagen nicht zur massenhaften Vernichtung von Menschen gedient haben könnten, und faßte seine »Erkenntnisse« im sogenannten »Leuchter-Report« zusammen, den der ehemalige NPD-Vorsitzende Günter Deckert ins Deutsche übersetzte.

Am 20. und 21. April 1988 hatte Leuchter seinen Auftritt vor Gericht, den die Holocaust-Leugner als »historisches Ereignis« feierten. Robert Faurisson sprach begeistert vom »Ende eines Mythos«; seine seit Jahren verfochtene These sei endlich restlos bestätigt worden. Die Gerichtsakten indes offenbarten etwas ganz anderes.

Leuchter wurde im Zeugenstand von Richter Ronald Thomas als »Experte« bloßgestellt; seine technische Ausbildung sei mehr als unzulänglich, daher habe er gar nicht die Kompetenz, zu solchen Ergebnissen zu kommen; das Gutachten sei »lächerlich« und »absurd«. Diese Erkenntnis wurde durch den Anklagevertreter bekräftigt, der Leuchter nach seiner Ausbildung in naturwissenschaftlichen Disziplinen befragte. Leuchter mußte zugeben, daß er nur über »Grundkenntnisse« in Chemie verfüge; in Physik habe er zwei Seminare absolviert, allerdings während seines geisteswissenschaftlichen Studiums, das er mit dem »Bachelor of Arts« abgeschlossen habe. Er gestand ein, weder Toxikologe noch Ingenieur zu sein, meinte allerdings ungeniert, das sei auch gar nicht nötig. Richter Thomas sah das anders und fragte, wie er als Ingenieur arbeiten und auftreten könne, wenn er keinen Abschluß als Ingenieur habe. Darauf antwortete Leuchter, er würde gerne hinterfragen, was ein Ingenieurabschluß sei. Er habe einen »Bachelor of Arts« und die erforderliche Grundausbildung sowohl vom College als auch von der Praxis her, um als Ingenieur arbeiten zu können. Gereizt fragte der Richter: »Wer befindet darüber? Sie?« Und er meinte ergänzend: Leuchter sei Ingenieur, weil er sich höchstpersönlich zu einem Ingenieur erklärt habe, und zwar auf einem äußerst begrenzten Gebiet. Das Gericht machte während des gesamten Prozesses kein Hehl aus seinem Mißfallen, sowohl an Leuchters mangelhafter Befähigung als auch an der Notwendigkeit, eine qualifizierte Ausbildung einzusehen. Am schärfsten rügte der Richter Leuchters Beteuerung, jeder College-Absolvent verfüge über genügend »Mathematik und Naturwissenschaft«, um die Tests nachvollziehen zu können, die er in den KZs durchgeführt habe. Richter Thomas verfügte schließlich, Leuchter dürfe nicht als Experte über Konstruktion und Betrieb der Gaskammern als Zeuge aussagen, und er brachte seine Bestürzung darüber zum Ausdruck, daß Leuchter, obwohl er die Geschichte der Gaskammern nur »nebenbei« kannte, derartig schwerwiegende Urteile gefällt habe. Es sei eine Unverschämtheit zu behaupten, daß er mehr als nur flüchtig Bescheid wisse, verkündete der Richter.

Ernst Zündel, der »Wahrheitsforscher«, wie er in Revisionistenkreisen bezeichnet wird, wurde am 11. Mai 1988 für schuldig befunden, falsche Nachrichten über den Holocaust verbreitet zu haben, und zu neun Monaten Gefängnis verurteilt.

Fred A. Leuchter wurde vor dem Bezirksgericht des Middlesex County District in Malden der betrügerischen Ausübung des Ingenieurberufs angeklagt, im Vorverfahren aber auf Bewährung freigesprochen, nachdem er eine Vereinbarung mit dem Massachusetts Board of Registration of Engineers unterzeichnet hatte, in der er sich verpflichtete, die Verwendung des Titels zukünftig zu unterlassen. Uneinsichtig beharrte er jedoch auf seinem Standpunkt, er werde schikaniert, weil er einen wissenschaftlichen Report verfaßt habe, dessen Schlußfolgerungen einige Leute als beleidigend empfänden. In *The Journal of Historical Review* (dem Zentralorgan der Revisionisten) veröffentlichte er in der Winterausgabe 1992/93 (Vol. 12) unter dem Titel »Life After Persecution« einen Aufsatz, in dem er sich beklagte: »Meine Person und mein guter Ruf wurden durch Lügen und versteckte Andeutungen diffamiert. Meine Familie und ich wurden wiederholt bedroht.« Gemeint waren vor allem jüdische Organisationen in den USA, Europa und Israel, denen er frech zurief, jetzt sei der Augenblick, ihnen in den Arsch zu treten und sich ihre Namen zu merken. Fred A. Leuchter hat sich letztendlich selbst in den Arsch getreten, er ist tief gefallen, wie er selbst eingestand: keine Aufträge mehr, unmöglich, Arbeit zu finden, kein Einkommen: »Das wird sich in nächster Zukunft wohl nicht ändern.«

KENJI KAWAKAMI

Querkopf

Ein gewisser Herr Kawakami aus Japan ist ein anarchischer Querkopf. Das wäre im Land der aufgehenden Sonne an sich noch nichts Auffälliges. Aber Herr Kawakami dachte sich »Chindogu« aus und wurde berühmt. Unerschöpflich ist sein Tatendrang, wenn es darum geht, Gegenstände zu kreieren, welche die klassische Kette konventioneller Nützlichkeit sprengen. Das japanische Wort Chindogu bedeutet soviel wie »merkwürdiges Werkzeug«, und es ist mehr als die Erfindung eines solchen. Chindogu symbolisiere, so der Schöpfer, eine reine, unschuldige und edle Welt und sei eine Kritik an unserer entgleisten materiellen Zivilisation. Er, Kawakami, würde sich freuen, wenn Menschen aus aller Welt sich mit entleertem, jungfräulichem Geist auf der intellektuellen Spielwiese von Chindogu tummelten.

Seit achtzehn Jahren arbeitet Herr Kawakami an sinnlosen Lösungen für Probleme, die es gar nicht gibt. Schon als Kind, erinnerte er sich in einem Interview, sei er sehr talentiert gewesen, wenn es darum gegangen sei, Modellflugzeuge zusammenzubauen und knifflige Dinge zu basteln. Später, an der Universität, habe er Flugzeugbau studiert, das Studium aber abgebrochen, weil er lieber an Straßenschlachten gegen die Regierung und Polizei mitwirken wollte. Am Ende sei er dann irgendwie bei seinen Chindogus gelandet.

Aus welchem Grund sollte man der Kunst der unnützen Erfindungen überhaupt Beachtung schenken, wurde Herr Kawakami einmal provokant gefragt. Nun, Chindogus könnten dem Leben eine

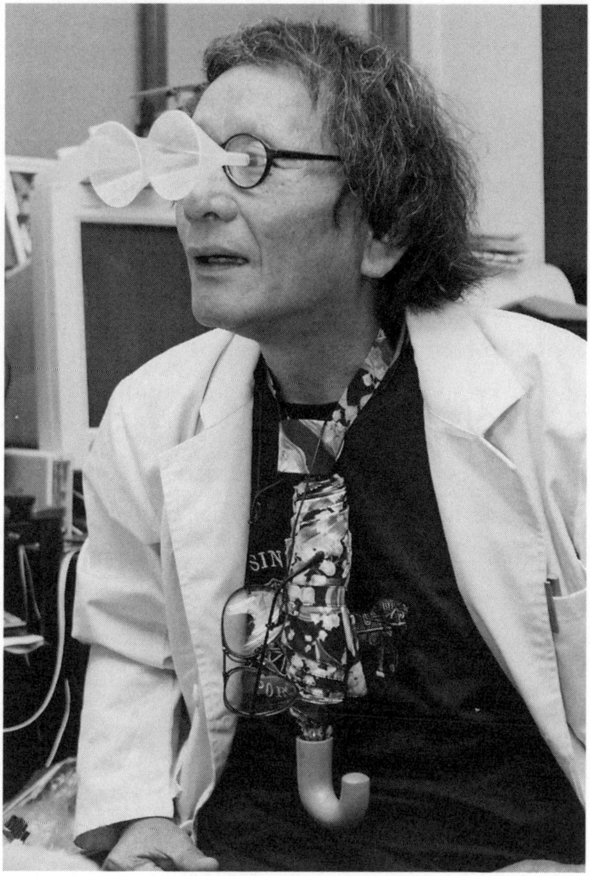

andere Richtung geben, antwortete er; sie veränderten die Wahrnehmung. Und er gab ein Beispiel: »Ein normaler Spiegel gibt die Dinge seitenverkehrt wieder, links und rechts sind vertauscht. Warum soll es nicht auch Spiegel geben, die oben und unten vertauschen? Mit solchen philosophischen Fragen möchte ich die Art und Weise, wie jemand auf die Welt blickt, verändern. Chindogus wirken wie solche Fragen. Die Erfindungen, die uns im Alltag umgeben, scheinen etwas Selbstverständliches zu sein. Man gebraucht sie einfach, wie einen Spiegel, ohne über sie nachzudenken. Chindogus können einem dabei helfen, hinter die Dinge zu schauen.«

Chindogu ist mittlerweile so populär geworden, daß in Tokio und Tarzana (Kalifornien) Internationale Chindogu-Akademien gegründet wurden. Und die Tüftlerbewegung wächst so rasant, daß Herr Kawakami durch die ganze Welt jettet, um, wie er sagt, dem Erfindernachwuchs die zehn Gesetze einzubleuen, die unbedingt zu beachten sind. Erstes Gebot und wichtigster Grundsatz: Chindogus müssen funktionieren, dürfen aber keinen praktischen Nutzen haben. Man darf kein Geld damit verdienen, und sie sollen anarchischen Geist offenbaren.

Auf die Frage (gestellt im *GEO Magazin* 08/06), welches Chindogu ihm das liebste in seiner Sammlung sei, antwortete Herr Kawakami: der fahrbare Wäscheständer, der sich leicht auf jedes Autodach montieren lasse. »Hängt man dort seine Wäsche auf, so trocknet sie der Fahrtwind, während man mit dem Auto fährt. Diese Erfindung hat den Vorteil, daß die Kleider ausgesprochen schnell trocknen. Allerdings hat sie auch einen gravierenden Nachteil: Nach der Autofahrt ist die Wäsche zwar trocken, aber auch schmutzig.« Danach komme gleich die elektrische Spaghettigabel, ein eigenwilliges Instrument, um das recht umständliche Aufrollen der schnurartigen Nudeln zu erleichtern. Der Gabelgriff ist mit einem kleinen Hochleistungsmotor ausgestattet, der den Gabelkopf rotieren läßt. Aber auch dieses Chindogu habe einen Nachteil, bemerkte Herr Kawakami verschmitzt; beim automatischen Aufrollen der Nudeln spritze man sich meist ziemlich mit Sauce voll.

Längst ist auch die deutsche Ausgabe einer von Herrn Kawakami herausgegebenen Fibel erschienen, die den doppeldeutigen Titel trägt: »Chindogu. 99 (un)sinnige Erfindungen«. Darin findet der amüsierte Leser zum Beispiel einen Haartrockner für Eilige, bestehend aus einer Haube, die durch Schläuche mit Blasebälgen an den

Schuhen verbunden ist; eine Zungenisolierung, um sich beim Genuß heißer Speisen nicht zu verbrennen; einen Haarkranz aus abwaschbarem Schaumstoff gegen Haare in der Suppe; eine Klorolle, die auf den Kopf geschnallt wird, damit sich Menschen mit Heuschnupfen jederzeit ihre triefende Nase trockenlegen können (Zusatz: erfordert modischen Mut); einen Gesundheitsschuh für die Stadt oder das Büro, dessen vorderer Sohlenteil fehlt, so daß man barfuß gehen kann, ohne daß es andere bemerken; einen tragbaren Zebrastreifen, um überall sicher und korrekt die Straße überqueren zu können, oder einen Brillenventilator zum Zwiebelschneiden. Mein persönlicher Favorit unter den Chindogus ist das sogenannte Gerechte Messer zum Schneiden runder Speisen. Beim Zerteilen von Pizzas, Torten oder dergleichen kann es im Familienkreis oder bei Festivitäten leicht zu Streitigkeiten über die Größe der Portionen kommen. Abhilfe schafft dieses ausgetüftelte Gerät, bestehend aus zwei längeren Messern, auf deren Spitzen eine runde Plexiglasscheibe mit Gradeinteilung angebracht ist, wobei ein Messer immer bei null Grad steht. Das andere kann je nach Größe des Kreisausschnitts, also der Portion, verstellt werden: bei fünf beispielsweise auf zweiundsiebzig Grad, bei acht auf fünfundvierzig Grad – kinderleicht und gerecht!

Wie sagt doch Herr Kawakami treffend: »Jeder kann Chindogu erfinden, auch die Europäer. Man muß sich nur entspannen und in Ruhe nachdenken. Das ist das ganze Geheimnis.«

YAHYA JAMMEH

Staatspräsident und Wunderheiler

Afrika ist ja nicht gerade arm an clownesken Despoten, immer pendelnd zwischen Irrsinn und Größenwahn. Unvergessen ist General Jean-Bédel Bokassa von der Zentralafrikanischen Republik, ein früherer Unteroffizier der französischen Kolonialarmee, der sich für den dreizehnten Apostel Jesu hielt und sich 1977 in einer verschwenderischen Zeremonie, die mehr als dreißig Millionen US-Dollar verschlungen haben soll, zum »Empereur« krönen ließ. Im Kongo baute der raffgierige Mann mit der Leopardenfellmütze, Mobutu Sese Seko, mitten im Regenwald eine Landebahn für seine gecharterten Concordes, und der greise »Höllenfürst« von Zimbabwe, Robert Mugabe, trieb, um an der Macht zu bleiben, sein einst blühendes Land in den Ruin.

In der Republik Gambia an der Westküste Afrikas bemüht sich jetzt ihr Präsident, Yahya Jammeh, eifrig, diese anerkannten Narren nachzuahmen.

Gambia ist ein Zwergstaat, ein schmaler Sporn, der vom Atlantik in den Senegal hineinreicht, ein bitterarmes Land mit etwa ein komma sechs Millionen Einwohnern, von denen rund zwanzigtausend mit dem Aids-Erreger HIV infiziert sind. Der heute zweiundvierzigjährige Yahya Jammeh putschte sich 1994 als Leutnant der Militärpolizei an die Macht, die er seither nicht mehr abgab. Zum Gedenken an den Putsch ließ er in der Hauptstadt Banjul einen gewaltigen Triumphbogen errichten. Und das *American Biographical Institute* in Raleigh, North Carolina, nominierte Jammeh sogar zum

»Mann des Jahres«. Nun will der Präsident mit dem lustigen Bäckerkäppchen geschafft haben, was die medizinische Forschung und Wissenschaft seit Jahren vergeblich versuchen: Er behauptet steif und fest, Aids auf einfachem und schnellem Wege kurieren zu können (und Asthma ebenfalls).

Im Jänner 2007 präsentierte Jammeh vor ein paar ausländischen Diplomaten, Würdenträgern, Leibwächtern und vor laufenden Fernsehkameras sein Heilverfahren, wobei er darauf hinwies, daß für die Therapie vorläufig gewisse Einschränkungen gelten: Aids könne er nur donnerstags kurieren, Asthma nur freitags oder samstags. Die Methode baue auf sieben Heilkräutern und Koransprüchen auf und sie sei, wie er vollmundig ankündigte, »idiotensicher«. Neun von HIV befallene Bürger habe er bereits im Jänner erfolgreich behandelt, siebenundzwanzig im Februar; er werde auch anderen Krankheiten, wie Diabetes und Epilepsie, den Kampf ansagen, denn er habe »ein Mandat« – dem Anschein nach direkt vom Allmächtigen.

Der Afrikakorrespondentin des britischen TV-Senders *Sky News*, Emma Hurd, gewährte seine Exzellenz nicht nur ein Exklusivinterview, er ließ sie auch an einer Heilungszeremonie teilhaben. Von Kopf bis Fuß in eine wallende weiße Robe gehüllt, so Hurd, beugte sich der Präsident über den Aidskranken, murmelte Gebete und rieb den Brustkorb mit einer grünen Paste ein. Danach mußte der abgemagerte Mann eine bittere gelbe Flüssigkeit trinken und zwei Bananen essen. Nach ein paar solchen Behandlungen, offenbarte der Präsident, sei der Mann geheilt. Als die Reporterin mit Skepsis auf diese Aussage reagierte, blaffte Jammeh sie an, er müsse niemanden überzeugen: »Ich kann Aids heilen und ich werde es sicher niemandem erklären, der es nicht verstehen will.« Als sie fragte, ob sie eine Probe der geheimnisvollen Kräutermedizin prüfen dürfe, empörte er sich: »In einer Million Jahren nicht.«

Internationale Organisationen wie UNAIDS oder die Weltgesundheitsorganisation (WHO) wollen sich zur Wundertherapie des Präsidenten noch nicht äußern, aus Furcht, die Beziehungen zu Gambias Regierung zu belasten. Eines wolle die WHO jedoch feststellen, betonte ihr Sprecher Antonio Filipe: Es gebe bislang kein Heilmittel gegen Aids. Dabei sei die größte Gefahr bei Jammehs Therapie, daß die Patienten während der Behandlung keine antiviralen Medikamente mehr einnehmen dürften, wodurch ihr Immunsystem gefährlich geschwächt werde, räumte Filipe immerhin ein.

Führende HIV-Spezialisten wie Jerry Coovadia von der südafrikanischen University of KwaZulu Natal halten die Ankündigungen Jammehs für unverantwortliche Propaganda. »Es ist schockierend, wie der Präsident eines Landes so etwas behaupten kann«, sagte der Mediziner gegenüber der britischen BBC. Eine Therapie mit einer Dauer von knapp drei Tagen und umgehend feststellbaren Reaktionen darauf sei einfach unvorstellbar.

Aber sowohl die Presse, der Onlinedienst des *Office of The Gambian President* als auch der Gesundheitsminister des Landes, Tamsir Mbowe, ein in der Ukraine und in Irland ausgebildeter Gynäkologe, stricken mit am Wahn ihres Präsidenten. So schrieb die gambische Tageszeitung *The Daily Observer* ohne einen Anflug von Ironie: »Diese Erfindung ist die bedeutendste in der Geschichte der modernen Welt.« Bald schon würden Millionen Menschen kommen, um in dem winzigen Land Heilung zu suchen. Gambia stehe vor einem Wirtschaftsboom, der jene Länder in den Schatten stellen werde, deren Reichtum auf Diamanten, Gold oder Erdöl beruhe.

Der Gesundheitsminister, der sich keine »Heilung« seines Chefs entgehen läßt, lobte, obwohl er es als promovierter Mediziner besser wissen müßte, die »Intervention des Präsidenten im Gesundheitssektor« und erklärte im Onlinedienst, »daß die Ergebnisse wirklich sehr eindrucksvoll und positiv sind. Das zeigt deutlich, daß die Be-

handlung wirkt und daß wir Fortschritte machen, und das kann die ganze Welt wissen. Ich bin von der Behandlung vollkommen überzeugt und sehr glücklich darüber.«

Einige Abgeordnete im gambischen Parlament, berichtete *Der Spiegel* (10/2007), haben jetzt leise die Vermutung geäußert, daß der Präsident irre sein könnte. Der Onlinedienst weiß es besser: »Die Entdeckung Präsident Jammehs sollte von allen fortschrittlichen Afrikanern und auch von der WHO unterstützt werden. Wir dürfen nicht vergessen, daß in Afrika Millionen an Aids sterben. Wenn der

WHO diese Epidemie wirklich ein Anliegen ist, sollte sie alle Versuche unterstützen, die Krankheit in den Griff zu bekommen. Präsident Jammeh hat uns den Weg gewiesen, und in den nächsten Jahren wird ihn die Geschichte bestätigen.«

Randbemerkung VIII

Schimpfwörter,
die ich gerne verwende!
Auralische Sau, Trottel, Schwein,
Ideologischer Dep, Saudioff, Einiges
Oschloch, Russischer Saunipfel, Hund,
Europäischer Krimidepp, Drecksau –
Off.

Alexander (Ernst Herbeck)

Literaturhinweise

JOSEPH FRÖHLICH

Rainer Rückert, Der Hofnarr Joseph Fröhlich. Offenbach 1998

PIERRE GIRAUD

Philippe Ariès, Geschichte des Todes. München 1995

Richard A. Etlin, The Architecture of Death. The Transformation of the Cemetery in Eighteenth-Century Paris. Cambridge/Mass. 1987

JOSEPH KYSELAK

Ludwig Hevesi, Das bunte Buch. Stuttgart 1898

Constant von Wurzbach, Biographisches Lexikon, Band 13. Wien 1865

Karl Ziak, Kyselak. Berlin 1940

DANIEL GOTTLOB MORITZ SCHREBER

Daniel Paul Schreber, Denkwürdigkeiten eines Nervenkranken. Herausgegeben und eingeleitet von Samuel M. Weber. Frankfurt/Main, Berlin, Wien 1973

JOSHUA ABRAHAM NORTON

Herbert Asbury, The Barbary Coast. New York 1933

Robert Ernest Cowan, Norton I, Emperor of the United States and Protector of Mexico. In: Quarterly of the California Historical Society, October 1923

William Drury, Norton I, Emperor of the United States. New York 1986

WILLIAM MCGONAGALL

http://www.mcgonagall-online.org.uk/

IGNATIUS LOYOLA DONNELLY

http://www.dendlon.de/Xochi

FERDINAND CHEVAL

Jean-Pierre Jouve / Claude & Clovis Prévost, Le Palais Idéal du Facteur Cheval. Hédouville 1994

HIRAM MAXIM

John Ellis, The Social History of the Machine Gun. New York 1973

Thomas P. Hughes, Die Erfindung Amerikas. München 1991

Hiram Maxim, My Life. London 1915

NIKOLA TESLA

Margaret Cheney, Tesla: Man Out of Time. Englewood Cliffs, N. J. 1981

John O'Neill, Prodigal Genius. New York 1944

Nikola Tesla, My Inventions (Autobiographie, hg. von Ben Johnston). Williston, Vermont 1982

PETER ALTENBERG

Peter Altenberg, Mein Lebensabend. Berlin 1919

W. G. Sebald, Unheimliche Heimat. Salzburg, Wien 1991

FLORENCE FOSTER JENKINS

http://www.maxbass.com/Florence-Foster-Jenkins.htm

IGNAZ TREBITSCH-LINCOLN

Ignaz Trebitsch-Lincoln, Die Wahrheit über mein Leben. Leipzig 1931

Bernard Wasserstein, The Secret Lives of Trebitsch Lincoln. New Haven and London 1988

LUDWIG CHRISTIAN HAEUSSER

Ulrich Linse, Barfüßige Propheten. Erlöser der zwanziger Jahre. Berlin 1983

ERICH RUDOLF OTTO ROSENTHAL

Ausstellungskatalog zu »I Like America«. Schirn Kunsthalle Frankfurt, München 2006

ROMAN VON UNGERN-STERNBERG

Berndt Krauthoff, Ich befehle. Kampf und Tragödie des Barons Ungern-Sternberg. Bremen 1938

Hugo Pratt, Corto Maltese in Sibirien. Kult Editionen 2000

VICTOR LUSTIG

James F. Johnson (mit Floyd Miller), The Man Who Sold the Eiffel Tower. New York 1961

Robert Green, Power. Die 48 Gesetze der Macht. München 2002

ELOISE WAGNER DE BOUSQUET

Georg Bremer, Satan kam nach Eden. Zürich 1998

Friedrich Ritter, Als Robinson auf Galapagos. Leipzig 1935

Margret Wittmer, Postlagernd Floreana. Frankfurt/Main 1959

ROBERT WHITE

Christian Jungblut, Mein Kopf auf deinen Hals. Stuttgart 2001

arte-tv, Wissenschaftsmagazin *Archimedes* vom 16. Mai 2000 (Interview)

HELMUT FLATZELSTEINER

Der Standard, 29./30. April 2006 (Interview)

Helmut Flatzelsteiner, Meine Mary Vetsera. Wien 1993

FRED A. LEUCHTER JR.

Richard J. Evans, Rituale der Vergeltung. Berlin, Hamburg 2001

Deborah Lipstadt, Betrifft: Leugnen des Holocaust. Zürich 1994

The New York Times, 13.10.1990: Making Execution Humane (or Can It Be?)

The Nizkor Project (www.nizkor.org)

Stephen Trombley, Die Hinrichtungsindustrie. Reinbek bei Hamburg 1993

KENJI KAWAKAMI

Kenji Kawakami, Chindogu. 99 (un)sinnige Erfindungen. Köln 1997

http://www.chindogu.com

YAHYA JAMMEH

http://www.statehouse.gm

Bild- und Textnachweis

BILDNACHWEIS

Seite 13: © Porzellansammlung, Staatliche Kunstsammlungen Dresden, Foto: Herbert Jäger; 23: © kyselakprojekt, www.kyselak.at; 35: © ullstein bild – Granger Collection; 45: © Dundee Central Library; 53: © Minnesota Historical Society; 59: © Pierre Albuisson; 79: © Nikola Tesla Museum; 87: © ÖNB Bildarchiv, Wien: KO 84-C; 91: © Hulton Archive/Pictorial Parade/getty images; 97: aus: Bernard Wasserstein: The Secret Lives of Trebitsch Lincoln. New Haven and London: Yale University Press 1988, nach einem Originalfoto aus The Royal Library, Copenhagen, The Department of Maps, Prints and Photographs; 105: © ullstein bild; 113: © Stiftung Stadtmuseum Berlin; 117: aus: Hugo Pratt: Cortomaltese in Sibirien. © 2000 Kult Editionen. Mit freundlicher Genehmigung des Verlags; 125: © Bettmann/CORBIS; 135: aus: Georg Bremer: Satan kam nach Eden. Die mysteriöse Mordaffäre um deutsche Aussteiger auf der Galapagosinsel Floreana. Zürich: Oesch Verlag 2002; 149: © rubra/picturedesk.com; 161: © Everett K. Brown/epa/picturedesk.com; 167: © AFP/Seyllou/getty images

TEXTNACHWEIS

5 Aus: Fernando Pessoa, Das Buch der Unruhe © 2006 by Ammann Verlag & Co., Zürich. Mit freundlicher Genehmigung des Verlags
Vladimir Nabokov, »Gesammelte Werke. Band 22: Erinnerung, sprich. Wiedersehen mit einer Autobiographie«. Deutsche Übersetzung von Dieter E. Zimmer. Copyright © 1964, 1984, 1991 by Rowohlt Verlag GmbH, Reinbek bei Hamburg

18 Philippe Ariès, Geschichte des Todes. Aus dem Französischen von Hans-Horst Henschen und Una Pfau. © 1980 Carl Hanser Verlag, München

25 f. Josef Škvorecký, Das Baßsaxophon. © 2005 Deutsche Verlags-Anstalt, München, in der Verlagsgruppe Random House GmbH

61 Hundertwasser Architektur, Für ein natur- und menschengerechteres Bauen, Köln 2006, S. 34 ff.

Peter Weiss, Rapporte, © Suhrkamp Verlag Frankfurt am Main 1968

63 f. Kurt Vonnegut, Zeitbeben. Roman. Aus dem Amerikanischen von Harry Rowohlt. © 1998 Carl Hanser Verlag, München

Emilio Lussu, Ein Jahr auf der Hochebene: © Folioverlag, Wien. Bozen 2006

»Zur Erinnerung an Sir Hiram Maxim«. Aus: Hans Magnus Enzensberger, Kiosk. Neue Gedichte, © Suhrkamp Verlag Frankfurt am Main 1995

72 f. Aus: John J. O'Neill: Nikola Tesla. Der Gegenspieler Edisons. Rohrer Verlag, Wien–Innsbruck 1951

86 Aus: W. G. Sebald: Unheimliche Heimat. Essays zur österreichischen Literatur. Residenz Verlag, Salzburg 1991.

94 Ambrose Bierce, Des Teufels Wörterbuch: Copyright der deutschen Übersetzung: © Gisbert Haefs

152 Zitat aus Interview in der *Zeit* 14/2006: Mit freundlicher Genehmigung von Astrid Viciano

169 Aus: Leo Navratil (Hg.): Alexanders poetische Texte. dtv, München 1977.

Rudi Palla wurde 1941 in Wien geboren und arbeitet als Autor und Filmemacher in seiner Heimatstadt. Bücher (u. a.): »Verschwundene Arbeit. Ein Thesaurus der untergegangenen Berufe« (1994), »Die Kunst, Kinder zu kneten. Ein Rezeptbuch der Pädagogik« (1997) und 2006 bei Zsolnay »Unter Bäumen. Reisen zu den größten Lebewesen«.

Rudi Palla

Unter Bäumen

Reisen zu den größten Lebewesen

296 Seiten. Paul Zsolnay Verlag 2006

Kennen Sie den Baum der weisen Voraussicht? Haben Sie schon einmal vom Kuhbaum getrunken? Wie liegt es sich unter dem Baum des Müßiggangs? Rudi Palla, Enzyklopädist des entlegenen Wissens, hat aus Botanik, Mythologie, Kulinarik und Sozialgeschichte Anregendes wie Kurioses über die vielfältigen Verbindungen zwischen Mensch und Baum zutage gefördert. Seine Wanderungen führen ins China Marco Polos, zu den Meuterern von der »Bounty« und ihren Brotfruchtbäumen auf Tahiti oder zu dem aus Lerchen gepflanzten Hakenkreuz in der Uckermark. Was all seine Routen verknüpft, sind Bäume, denen Palla eine Biographie gibt, spannend wie die eines Menschen.

»Rudi Palla hat ein Buch mit nur einem Fehler geschrieben: Man würde gern mehr davon haben.« Cord Riechelmann, *Süddeutsche Zeitung*

»Sich auch Bäumen als Einzelwesen anzunehmen, darin liegt der unverkennbare Reiz dieses Buchs.« Julia Voss, *Frankfurter Allgemeine Zeitung*